普通高等院校创新创业教育系列规划教材

创业基础

主　编　李　燕

副主编　朱芳阳　乔鹏亮　张新美

刘少坤　黄桂媛　黄伟新

占金刚

北京理工大学出版社

BEIJING INSTITUTE OF TECHNOLOGY PRESS

内 容 简 介

本书遵循教育部2012年8月初颁布的《普通本科学校创业教育教学基本要求》中的“创业基础”教学大纲（试行），系统地阐述了开展创业活动所需要的基本知识，包括创业的基础知识和基本理论、创业的基本流程和基本方法、创业的法律法规和相关政策，同时让学生在虚拟商业社会中完成企业注册、创建、运营、管理等所有环节。通过本课程的学习，可以激发学生的创业意识，增强学生的社会责任感，促进学生全面发展，提升学生的就业与创业能力。

本书可作为高等院校创业教育课程教材，也可作为正在创业或者准备创业人士以及相关研究、管理人员的参考用书，还可作为大学生创业计划大赛和各种创业培训项目的培训教材。

图书在版编目（CIP）数据

创业基础/李燕主编．—北京：北京理工大学出版社，2018.1（2021.2 重印）
ISBN 978－7－5682－5203－4

Ⅰ．①创…　Ⅱ．①李…　Ⅲ．①大学生－创业－高等学校－教材　Ⅳ．①G647.38

中国版本图书馆 CIP 数据核字（2018）第 009352 号

出版发行／北京理工大学出版社有限责任公司
社　　址／北京市海淀区中关村南大街 5 号
邮　　编／100081
电　　话／（010）68914775（总编室）
　　　　　（010）82562903（教材售后服务热线）
　　　　　（010）68948351（其他图书服务热线）
网　　址／http：//www.bitpress.com.cn
经　　销／全国各地新华书店
印　　刷／天津久佳雅创印刷有限公司
开　　本／787 毫米×1092 毫米　1/16
印　　张／12
字　　数／282 千字
版　　次／2018 年 1 月第 1 版　2021 年 2 月第 4 次印刷
定　　价／36.00 元

责任编辑／陆世立
文案编辑／赵　轩
责任校对／黄拾三
责任印制／施胜娟

前言

2016年5月国务院办公厅印发了《关于发展众创空间推进大众创新创业的指导意见》和《关于深化高等学校创新创业教育改革的实施意见》（以下简称《意见》），教育部为了积极落实《意见》，在各高校积极提倡“大众创业、万众创新”精神，并组织开展相关培训、实践等活动，掀起了一股“大众创业、万众创新”的浪潮。

21世纪是创业的时代，时代呼唤创业精神。创业教育的目的不是教大学生如何开公司，而是为了让大学生拥有创业精神、创新意识和创业能力。面对大学生目前就业难的形势和创业与生俱来的风险性这样的双重背景，加强对高校大学生的创业教育势在必行。希望本书可以给读者带来创业精神的思考，使读者认识到创新意识的巨大力量，并在培养和提升自身创业能力上有所助益。

本书根据教育部“创业基础”课程大纲（试行）要求编写而成，系统地阐述了开展创业活动所需要的基本知识，包括创业的基础知识和基本理论，创业的基本流程和基本方法，创业的法律法规和相关政策，同时让学生在虚拟商业社会中完成企业注册、创建、运营、管理等所有环节。通过本课程的学习，可以激发学生的创业意识，增强学生的社会责任感，促进学生全面发展，提升学生的就业与创业能力。

本书在编写过程中，参考借鉴了大量同仁的研究成果，并广泛参阅了近年国内外创业领域的研究成果，在此表示深深的感谢。

由于编写时间仓促，加之编者水平有限，书中不足之处在所难免，敬请广大读者批评指正，并提出宝贵意见，以便我们更好地修订和完善。

编　者

目录

第1章

创业思考与行动

★学习目标

1. 掌握创业对学生职业生涯的重要性。
2. 熟知创业的定义与内涵。
3. 了解创业的一般过程。

★导入案例

创业英雄谱

（一）

1995年4月，马云成立“海博网络”，并启动了中国黄页项目，不到三年，获利500万元。

1997年，马云和他的团队在北京开发了外经贸部官方网站、网上中国商品交易市场、中国招商、网上广交会和中国外经贸等一系列国家级网站。

1999年3月，马云以50万元人民币开发阿里巴巴网站，并意识到互联网产业界应重视和优先发展企业与企业间电子商务（B2B）。

1999年10月和2000年1月，阿里巴巴两次共获得国际风险资金2500万美元，随后马云全力开拓国际市场，培育国内电子商务市场，为国内中小企业迎接“入世”挑战构建一个完善的电子商务平台。

（二）

1991年李彦宏毕业于北京大学信息管理专业，后获美国布法罗纽约州立大学计算机科学硕士学位。

1999年底，李彦宏回国创办百度。目前百度已经成为中国人最常使用的中文网站、全球最大的中文搜索引擎和全球最大的中文网站。

2005 年 8 月，百度在美国纳斯达克成功上市，成为全球资本市场最受关注的上市公司之一，也是首家进入纳斯达克成分股的中国公司。

截至 2008 年，百度成为全球跨国公司最多寻求合作的中国公司。

（三）

1995 年王传福与表哥吕向阳一起创立比亚迪，1996 年即取代三洋成为台湾无绳电话制造商大霸的电池供应商。

1997 年王传福开始了镍氢电池的研发，2000 年开始锂电池的研发，并成为摩托罗拉的第一个中国锂电池供应商。

2003 年 8 月比亚迪与西安高新技术产业开发区、陕西省投资集团签订合资组建比亚迪电动汽车生产线合同，投资 20 亿元人民币。

2004 年 1 月，深圳市 200 辆比亚迪制造的锂离子纯电动汽车投入出租运营，成为全国第一家电动车示范区，真正实现尾气零排放。

2006 年，比亚迪电动车正式开始商业运营。

（四）

16 岁时陈欧留学新加坡南洋理工大学。大学期间，创办在线游戏平台 Garena。

26 岁时获得美国斯坦福大学 MBA 学位，同时卖掉了 Garena 股权，毕业后第 3 天回国创业。

彼时，“百团大战”狼烟四起，陈欧把目光锁定在了当时的冷门垂直领域——化妆品团购。

最初，聚美优品采用每日一件产品的团购，后来由每日一件改为每日多件。同时，采用买断模式，并注重采购、物流、仓库等提升用户体验的元素。

2011 年 3 月，聚美优品获得红杉资本千万美元级别投资。

2011 年 5 月，聚美优品转型成 B2C 网站，产品线仍集中在美妆领域。7 月聚美优品商城频道上线，是从团购转型化妆品 B2C 的标志。

案例思考：以上四个创业案例给了你什么启示？

1.1 感知创业意义

1.1.1 大学生创业

随着我国“大众创业、万众创新”浪潮的掀起，大学生的创新、创业的意识也被唤醒。大学生是创业者中极具潜力的群体，年轻而富有活力，具有较为丰富的知识储备，富有想象力和创造力，并拥有不甘落后、勇于挑战的信念，逐渐成为创业大军中的生力军。

大学生是指我国全日制在校大学生，包括专科生、本科生、硕士研究生和博士研究生。大学生创业是指大学生结合自身的专业知识和较强的创新能力，通过资源和生产要素的整合，创办企业、创造产品、提供服务，实现企业的经济价值、社会价值和自身价值的实践过程。大学生自主创业是指大学生毕业后不通过传统的就业渠道谋取职业，而是依靠自身掌握的资源，通过独立或与他人合伙开办公司、创办企业等形式开展自己的事业。

1.1.2　大学生创业的意义

首先，有利于缓解大学生就业压力。大学生参与创业有利于解决大学生就业难的问题。当前，大学生的就业观念正在悄悄地发生改变，一个鼓励创业、保护创业、崇拜创业的大环境正在逐步形成。原先由政府包揽的就业和创业活动逐渐被市场取代，产业结构调整带来的巨大创业机会以及政府出台“双创”的号召，促使大学生创业潜流涌动，通过自主创业活动来增加就业岗位，以缓解社会的就业压力。

其次，有利于大学生实现自我价值，满足自我精神追求。大学毕业生通过自主创业，可以把自己的兴趣与职业紧密结合，做自己认为最值得做的事情，最大限度地发挥自己的才能。当前社会鼓励大学生创业，虽然出发点在于化解就业难，但从大学生自身来说，其创业的主要原动力则在于实现自我价值及满足自我的精神追求。

最后，有利于培养大学生的创新精神。创新是一个民族的灵魂，是一个国家兴旺发达的不竭动力。大学生作为中国最具活力的群体，积极参与创新创业活动，有利于培养开拓创新的精神，把就业压力转化为创业动力。中国的未来在于大学生，中华民族的精神永恒则在于大学生旺盛的创造力与创新追求。

1.1.3　大学生职业生涯与创业就业的关系

大学生职业生涯与创业就业的关系如图 1-1 所示。

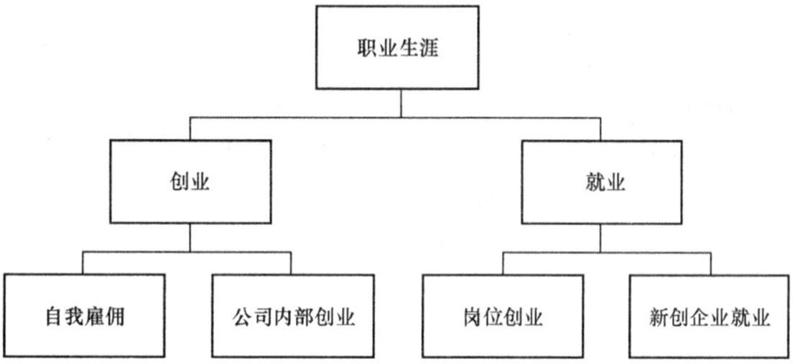

图 1-1　大学生职业生涯与创业就业的关系

★知识链接

全球创业观察

根据清华经管学院中国创业研究中心发布的《全球创业观察 2015/2016 中国报告》，中国创业活动的主体是青年，占创业者总体比例的 41.67%，创业动机以机会型创业为主，64.29% 的创业者为机会型创业者。

报告显示，中国创业活动在二十国集团中处于比较活跃的状态。中国早期创业活动指数为 12.84%，比大多数创新驱动国家，如美国（11.88%）、英国（6.93%）、德国（4.70%）和日本（3.83%）更活跃。中国创业活动的主体是青年，占创业者总体比例的41.67%，创业动机以机会型创业为主，64.29%的创业者为机会型创业者，与十年前（53.2%，2005）和五年前（57.47%，2010）相比，机会型创业者的比重不断提高。

报告显示，中国创业活动主要集中在客户服务业，高附加值产业创业比例较低。中国客户服务产业（如批发、零售等）创业比例占所有行业的69.79%，而高附加值的商业服务业（如信息通信、金融、专业服务等）创业比例为8.2%。发达国家的商业服务业创业比例更高，如英国（35.49%）、美国（32.79%）、法国（31.42%）、德国（26.89%）。

报告显示，二十国集团中创新驱动经济体的创业企业更容易成长为成熟企业。中国早期创业（不超过42个月的企业）比率为12.84%，而已有企业（运营超过42个月的企业）比率为3.12%。创新驱动国家这两个数值更为接近，日本（早期创业率3.83%，已有企业率7.18%）和德国（早期创业率4.70%，已有企业率4.82%）的已有企业比率高于早期创业比率。

报告显示，中国创业生态环境总体表现良好。创业生态环境在市场开放程度和政府政策方面表现较为突出，但商务环境和教育培训等方面亟须改善。与去年相比，政府政策方面得分显著提高，金融支持和政府项目方面有所提升，这些改进与国家大众创业、万众创新的政策实施有直接关系。具体而言，中国在银行贷款、政府扶持创业项目数量、中小学创业教育、中小企业新技术获取、专业的商业金融服务和市场进入壁垒等方面表现较差，需要大力改善。

报告显示，中国创业活动的创新能力和国际导向有待提高，创业带动就业能力较好。该报告将顾客认为创业企业提供的产品或服务是新颖的且企业在市场上没有或只有较少竞争对手的企业定义为创新型企业。与二十国集团相比，中国的创新型企业比例为（25.80%），在效率驱动型经济体中排在前列，与创新驱动型经济体相比还有一定差距，落后于加拿大（36.10%）、美国（36%）、英国（36%）和德国（34.20%）。我国创业企业的产品在全球化的背景下仍需提高竞争力。中国创业企业拥有25%以上海外客户的比例也相对较低，为5.46%，落后加拿大（27.93%）、德国（25.13%）和美国（11.67%）等发达国家。在高成长企业方面，中国创业企业表现较好，5年内能创造20个及以上就业岗位的公司占调查人口的3.51%，在二十国集团中是领先的，创业带动就业方面具有很大的发展潜力。

二十国集团创业调查数据显示，创业数量和质量负相关，创业活动活跃的国家，其产品和市场创新能力相对较差。中国创业既要重视数量，更要重视质量。我国创业企业中应用新技术的比例近年来有所提高，在效率驱动型经济体中处于前列，但技术创业的比例仍然较低，明显低于创新驱动型经济体。

中国创业者资金来源于自有资金（比例为91.3%），主要渠道是家庭、银行和朋友，银行贷款、风险投资、政府项目和众筹也是创业资金的来源，但比例仍然低于大多数创新驱动型经济体。中国创业者创办企业平均所需资金为16 263美元（约合人民币11.3万元），美国为17 500美元（约合人民币12.2万元）。机会型创业者所需资金高于生存型创业者。高成长、有创新性和具有国际导向的创业企业需要的资金也相对更多。

1.2　感知创业内涵

1.2.1　创业的概念

关于创业的概念，目前主要有以下几种学说。

（1）机会价值说。创业是识别并捕捉商业机会，从而实现潜在价值及创造价值的过程。

（2）核心要素说。创业是通过利用人力、资本、机会、资源等要素来进行经营管理的活动。

（3）财富目的说。创业是通过开展商业活动进行有偿经营而实现盈利目的的经济活动。

（4）风险管理说。创业是一种高风险的创新活动，因此要合理地进行风险防范和管理，从而规避和化解风险。

（5）组织创新说。创业是创建新企业、新团队，并通过组织创新而实现新业务的过程。

《辞海》和《现代汉语词典》中对“创业”这个名词的解释都简单明了，分别是“创立基业”和“创办事业”。在英文中，“venture”和“entrepreneurship”都可以表示创业，前者的原意是风险，后者的原意为企业精神，两者都不是创业的意思，而创业的意思是随着时代发展不断延伸扩充而来的，而企业精神和风险也恰恰是创业不可或缺的因素。

根据杰夫里·提蒙斯（Jeffry A. Timmons）所著的创业教育领域的经典教科书《创业创造》的定义：创业是一种思考、推理结合运气的行为方式，它为运气带来的机会所驱动，需要在方法上全盘考虑并拥有和谐的领导能力。

目前，对于“创业”概念的界定，国内外学术界学者们见仁见智。国内普遍认同复旦大学郁义鸿教授等人的定义：创业是一个发现和捕捉机会并由此创造出新颖的产品、服务或实现其潜在价值的过程。

1.2.2　创业概念的内涵

（1）创业的本意在于对机会的捕捉利用不受当前资源条件的限制，代表一种以创新为基础的做事方式与思考方式。

（2）创业需要发掘机会，并组织资源建立新公司或开展新事业，进而提供市场新的价值。

（3）创业活动突出表现在机会导向、创新的强度、创造价值的程度以及对社会的贡献方面。

创业是创业者对自己拥有的资源或通过努力对能够拥有的资源进行优化整合，从而创造出更大经济或社会价值的过程。创业是一种劳动方式，是一种需要创业者运营、组织，运用服务、技术、器物作业的思考、推理和判断的行为。作为一个商业领域，创业致力于发现和创造新事物（新产品、新市场、新生产过程或组织现有技术的新方法）。

1.2.3　创业者及其分类

在欧美学术界和企业界，创业者被定义为组织、管理一个生意或企业并承担其风险的人。创业者的对应英文单词是 entrepreneu。entrepreneur 有两个基本含义：一是指企业家，即在现有企业中负责经营和决策的领导人；二是指创始人，通常理解为即将创办新企业或者刚刚创办新企业的领导人。熊彼特被认为是最早提出创业者概念的学者。他认为，创业者总是尝试着通过创造与发明进行产品革新，或利用新技术生产新产品，对旧产品采用新生产方式，创业者必须具备一定的能力倾向。

随着经济的发展，投身创业的人越来越多。《科学投资》的调查研究表明，国内创业者基本可以分成以下类型：

1. 生存型创业者

生存型创业者大多为下岗工人，失去土地或因为种种原因不愿困守乡村的农民，以及刚刚毕业找不到工作的大学生。这是中国数量最大的创业人群。清华大学的调查报告指出，这一类型的创业者占中国创业者总数的 90%。其中许多人是被“逼上梁山”，为了谋生混口饭吃。

一般创业范围均局限于商业贸易，少量从事实业，即使从事实业也基本是小型的加工业。当然，其中也有因为机遇成长为大中型企业的，但数量极少。如今这个时代，用句俗话来说就是狼多肉少，仅想依靠机遇成就大业，早已是不切实际的幻想了。

2. 主动型创业者

主动型创业者又可以分为两种，一种是盲动型创业者，一种是冷静型创业者。盲动型创业者大多极为自信，做事冲动。这种类型的创业者，大多是博彩爱好者，喜欢买彩票，喜欢赌，而不太喜欢检讨成功概率。这样的创业者很容易失败，但一旦成功，往往能成就一番大事业。冷静型创业者是创业者中的精华，其特点是谋定而后动，不打无准备之仗，或是掌握资源，或是拥有技术，一旦行动，成功概率通常很高。

3. 赚钱型创业者

赚钱型创业者除了赚钱，没有什么明确的目标。他们就是喜欢创业，喜欢做老板的感觉。他们不计较自己能做什么，会做什么。他们可能今天做的事和明天做的事完全不相干。甚至其中有一些人，连对赚钱都没有明显的兴趣，也从来不考虑自己创业的成败得失。奇怪的是，这一类创业者中赚钱的并不少，创业失败的概率也并不比那些兢兢业业、勤勤恳恳的创业者高。而且，这类创业者大多过得很快乐。

4. 创意创新创业型创业者

创意创新创业模式对创业者的个人素质要求很高，创业成功往往形成独角兽企业，有时形成新的业态。创业者首先要处理好创意、创新、创业三者的关系：常规思维及创新思维产生创意，创意是创新的基础，创意是创业的动力源之一，创新与创业的结合形成新的生产方式，良好的创新创业氛围更易激发人们的创意，创意创新创业完美组合的链条是推动各业发展、社会繁荣的重要源泉；其次是能够配置资源。

5. 迭代创业型创业者

互联网时代认知迭代、产品迭代、组织迭代、营销迭代，造就了不断迭代的创业模式。互联网迭代创业的认知标准是打造超 IP。企业要在细分市场建立一个高维度富有想象力的认知，让大市场明白你到底是什么，让用户知道你是先进的还是落后的，你的认知能力是否提升到可以布局未来。认知迭代就是企业 IP 面向未来的旗帜。

★应用案例

博弈游戏

游戏内容：现在每个人有 100 元现金，如果你认为你有把握在与其他人的博弈中获胜，那么你就去说服其他人，把钱投资给你。当钱在 500 元以上，则可以获得对赌资格。在博弈期间，如果你赢了，所有给你投资的人包括你自己，金钱翻一倍；如果输了，你及你的投资人将倾家荡产。你可以选择将钱投资给你信任的人，或者你可以选择不投资。

游戏规则：一副扑克牌，两人以猜拳的方式决定谁先拿牌，每次只能拿 1 ~4 张牌，谁拿到了最后一张牌，谁就输。

游戏示意图如图 1-2 所示。

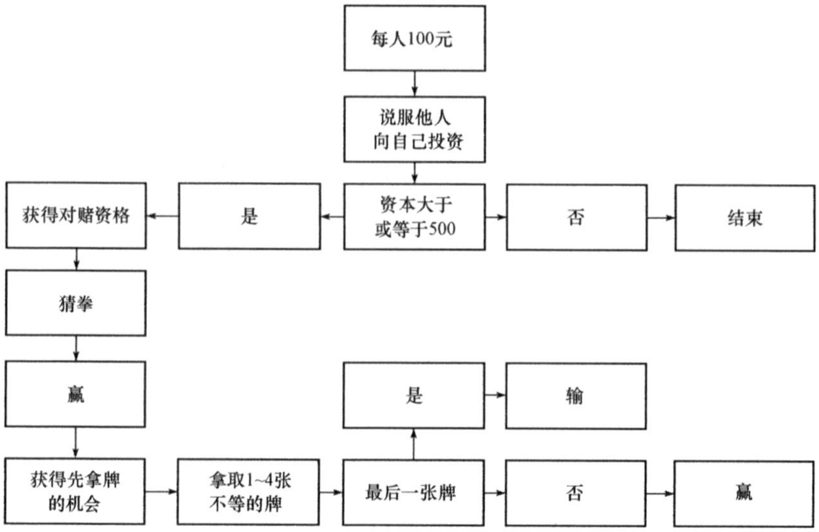

图 1-2　博弈游戏示意图

案例思考：

1. 通过博弈游戏，感受什么是创业资源，如何进行资本融资，如何进行产品设计。
2. 通过博弈游戏，思考有哪些创业方法。

1.3　感知创业方法

1.3.1　创业方法与步骤

1. 选择行业

人人都可以创业，但是，并不是人人都可以创业成功。其间有着许许多多成功创业的小秘诀，而这些秘诀并非都来自创业成功个案的经验，很多是从失败的例子中反省、领悟而来。综合这些经验之谈，创业者首先必须做的便是决定要从事哪一种行业，哪一类项目。创业者在下决定之前，最好先为自己做个小小的测验，了解自己在哪方面较有创意、潜力；哪方面的事业较能吸引自己的注意力并鞭策自己勇往直前等。一旦做好选择，接下来的许多课题便需要创业者一步步去执行，才能逐渐地迈向成功之路。

2. 自我成长与持续学习

有了完整的创业点子，下一步便是尽量让自己多接触各种信息与资源管道，如专业协会及团体等组织机构。这些团体、组织不仅可以帮助创业者评估自己的创业机会与潜力，并可以尽早让创业计划到位。

其他有效的资源，如创业者的自传、创业丛书、商业杂志等，或是专业的商业组织，如中小企业管理局的计划书、顾问群等，也都可以提供许多的优质材料给创业者。创业者也可主动出击，把公司信息告知当地的商业组织、团体等来增加公司曝光率。即使有可能遭受到地区性竞争者的妒忌，创业者还是可以试着与其他地区的同业交换创业心得。

3. 慎选品牌或公司名称

最佳的品牌或公司名称要能够充分反映出产品或服务与众不同的特色及单一性。具有创意的品牌或公司名称不仅有助于建立品牌的形象，同时也能激发顾客的购买欲。选择品牌或公司名称时应该具有前瞻性；所选择的品牌或公司名称要能很有弹性地将自己推荐给消费者。另外，应先做注册公司名称调查，确定所选择的名称还未被登记或已在公司商标法的保护中。切记，别取一个过于冗长的名称，名称太长消费者不容易记得。

4. 决定公司的合法组织与法律架构

在开始营运前创业者必须选择合适的法定组织架构。简而言之，创业者必须决定是自己创业，还是合伙创业？如果选择合伙创业，还要考虑公司的初始资本额要如何分配。

合伙创业的模式可以是有限股份公司制或是以一集团公司名称方式创业。并没有一套可依循的准则来分析各种可能状况以区分它们孰优孰劣。因此，创业者必须先了解各种公司组织形态的利弊及运筹方式，再选择最合适的组合模式配合自己的创业计划。

5. 评估一份具体的预算报告

经营一项有利润的新事业必须要有充足的流动资金，并且要能与实际经营运作时所需的开销相平衡，所以草拟一份年度预算表是必要且马虎不得的。要草拟一份精确的年度预算表并不容易，即使是一位非常有经验的人来编列预算表，还是会有低估预算，或遗漏些小细节（这些小细节常常是发生在预算表中的杂支及超支项目）。总之，在开始编列预算时必须注意的是，公司草创第一年的年度预算应该包括公司首次营运费用及持续营运的每个月开销。

6. 选对地址，事半功倍

在决定了自主创业并选好了项目之后，接下来最重要的工作就是选址了。不论创立什么企业，地点的选择都是决定成败的一大要素，尤其是以门市为主的零售、餐饮等服务业，店面地址的选择，往往是成败的关键。可以说，选择了好的地址等于成功了一半。

尽管在选择经营场地时，各行业的考虑重点不尽相同，但是有两项因素是绝对不可忽略的，即租金给付的能力和租约的条件。经营场地租金是最固定的营运成本之一，即使休息不营业，都照样得支出，尤其在房价上涨后，租金往往是经营者的一大负担。有些货品流通迅速、体积小而又不占空间的行业，如精品店、高级时装店、餐厅等，负担得起高房租，可以设于高租金区；而家具店、旧货店等，因为需要较大的空间，最好设置在低租金区。租约有固定价格及百分比两种，前者租金固定不变，后者租金较低，但业主分享总收入的百分比，类似以店面来投资作股东。租期可以约定不同时限，但对于初次创业者来说，最划算的方式是订一年或两年租期。

7. 募集充足的创业资金

俗话说得好："用钱创造财富！"在众多创业失败的例子中，资金不足经常是最后让创业者黯然落下"英雄泪"的主要原因。因此，信心满满的创业者在公司正式营运前，一定得先把资金募集充足。换言之，创业者必须明白公司在草创期的第一年内可能无法营利，因而要有万全的准备，以渡过这段时期。创业者在筹措创业资金时，必须以能支付公司创业第一年内所有的营运开销为目标。一般而言，创业者最简单、最方便的筹集资金方式便是从每月的薪资中节省下来。如果这种方式对创业者而言并不是个好办法，向外募款也是可选择的资金来源。

8. 完成公司登记及了解各种法律相关条文

在开始营业之前，创业者必须了解所有与商业法规相关条文规定、执照或许可证申请的细节与表格。各县市政府对营利事业单位的规定可能有所差异，因此创业者必须知道自己的工作室或办公室所在县市区域内，有哪些是该特别注意的法律规范条文。通常，创业者可以在各地的中小企业协会或商会取得这些信息；同时，要留意营业执照相关申请规定及办法。

1.3.2　创业时应特别注意的问题

1. 将创业资金数额减到最低

不要举债，不要将家庭储蓄投于成功机会只有 20% ~30% 的新事业。创业者计划的事业要从个人擅长而且只需要少许资金就能运作的事情做起。

2. 学习销售自己

身为小企业经营者，人们买的是你，不是你的产品。只要经营者知道如何销售自己，初期投资并不需要准备大笔资金。开业 30 天内，经营者就可以找到客户，60 天内就会有现金流入，帮助推动业务成长。

3. 对客户要大方

新事业不宜对顾客收费过高，甚至应提供免费服务给顾客，让他们知道公司能做什么。就算后来没有签约，他们也会介绍其他付费客户给公司。

4. 从第一天开始，一切计算机化

打字机及人工作业方式，在目前市场上已无竞争力，书信往返、会计、销售都不例外。从第一天营业即要使用计算机。

5. 长时间工作

把会计、书信等行政工作留到夜晚。这些事绝对不能占用朝九晚五的时段。这个黄金时段只能用来建立人际关系、作简报、打电话，或与客户面对面交谈。回家后再从事不能产生收入的工作。

6. 爱你的顾客

永远有礼貌地和顾客说话，不论他们有时多么令你生气。没有人比小企业经营者更清楚这一点，要尽力使顾客满意。

7. 即使不成功也要继续努力

绝对不要放弃，成功经常就在失败的另一侧。失败代表创业者已经在正确的道路上，只要失败次数增加，努力的时间够长，途中做出聪明的选择，创业者终会成功。

8. 独自经营

开始创业时，避免邀请其他人合伙。

9. 安排休闲时间

尽管待办事项堆积如山，也要强迫自己星期六或星期日休息一天。你损失的那一天，会因为下周生产力增加而加倍补回，而且家人和顾客也希望你这样做——休假使人愉快和悦。抽出时间运动，和家人出游，或看场电影，暂时忘记业务，工作时反而更有效率。

★应用案例

三国杀的创业者

一、桃园结义

正如《三国演义》中刘备的霸业始于“桃园三结义”一样，三国杀的成功，同样得从三个人说起。

早在2004年，清华大学计算机系99级博士生杜彬就从一个瑞典朋友那里了解到了桌游在欧美的风行，他相信，这种趋势同样会在中国出现。2007年博士毕业的杜彬在面对进入IBM研究院工作、加入私募基金公司的创业团队和自己创业三条道路的选择时，认为后两者“做出大事的概率比较大”，而桌游则将成为中国一个新的产业，但杜彬却缺乏一个足以撬动市场大门的桌游产品。

与此同时，中国传媒大学的两个04级本科学生黄恺和李由，正在淘宝网上销售自己自制的卡牌桌游三国杀——这是一个在规则上模仿国外桌游产品BANG！的兴趣之作。当杜彬玩到这款充满“三国味”的游戏时，他发现自己或许已经找到了打开桌游市场的钥匙。于是杜彬很快在淘宝上找到了黄恺和李由，将这款游戏商业化，成了他们共同的目标。

二、中国式改良

他们找来各种版本的三国故事，试图将武将与其特有的技能进一步融合。中国式改良的另一个目标是让三国杀走出BANG！的阴影。为此，他们改变了BANG！以出牌策略为核心的游戏模式，强化了武将技能的作用，使得三国杀拥有了更丰富的人物数量和技能。此外，在锦囊和武器的设计上，三国杀也超越了BANG！逐渐发展成为一个独特的体系。

2007年底，在经过反复研究和改进后，三国杀日渐成型，并开始推出小规模试水的“推广版”，首印5 000套。与此同时，投资5万元的游卡桌游工作室成立，2008年11月工作室进化为游卡桌游文化发展有限公司，中国的桌游业打开了一个新时代。

三、“病毒式”流行

推广版的三国杀很快销售一空，这让年轻的游卡桌游有了更大的底气。然而，小小的游卡却面临一个关键的问题：缺钱！因为没有钱，他们没法像别的游戏公司那样打广告、做宣传，于是低成本的病毒式营销，成了他们无奈的选择。

为了使“三国杀病毒”尽快繁殖，选择传播欲望强、传播能力好的核心客户至关重要。游卡准确地将目标客户设定为高校学生和年轻白领，定期到北京各大高校和 IT、金融企业内组织三国杀活动和比赛。掌握了这两个核心群体，三国杀在北京迅速风行。

当初的推广版也为三国杀的病毒式营销收集了宝贵的信息。例如，不少人认为推广版的 64 元定价偏高，因此游卡迅速将后续推出的三国杀标准版定价下调到 30 元。玩家普遍反映推广版中刘备、孙权太强，标准版则将他们削弱——这不仅改善了游戏的平衡性，更让玩家获得了极强的参与感，加深了玩家的黏着度。就连规则说明书的用语，也根据玩家的阅读和理解习惯做了调整。

2009 年 7 月底，第七届中国国际数码互动娱乐展览会（China Joy）在上海开幕。此时，游卡桌游的财务状况已明显好转，这让他们有了第一次在宣传上的“大投入”——在 China Joy 的三天展期中，向前来参观的游戏爱好者赠送了 600 套三国杀，算上展费和人工费用，总投入约 5 万元。

到 2009 年底，三国杀在上海的市场规模已经超过了北京。然而，叩开全国市场的大门还只是三国杀成功的第一步，占领用户心智之举则真正奠定了三国杀的霸主地位。由于中国市场尚在启蒙阶段，懵懂的玩家往往把三国杀和桌游等同起来，这让游卡有了垄断玩家心智的机会。

2009 年，三国杀销量迎来了爆炸式增长，共售出游戏 40 余万套，销售额超过 1 000 万元。而在欧美地区，一款桌游产品成功的标准，不过是销售 2 000 套。

四、借力盛大

在杜彬的记忆里，当年红火一时的桌游强手棋死在了电脑游戏大富翁的手中，因此三国杀必须拥有与线下版相辅相成的网络版。线下版引爆市场，突出依附在娱乐上的社交性；网络版则增加用户黏着度，同时解决玩家“一个人不能玩”以及各地玩家对规则理解存在差异的难题。

然而，从 2009 年上半年开始，尽管三国杀的用户与日俱增，寻求网游公司合作的工作却四处碰壁，网游圈的大佬们认为三国杀规则过于复杂，而根据他们的经验，一个上手如此之难的网游，几乎毫无市场前景可言。

正在一筹莫展之际，2009 年 4 月一天上午，杜彬突然接到了盛大一个“18 基金”经理的电话，他的目的很简单：“我们想投资你们，你们有什么要求?”

几小时过后，又一个“18 基金”的基金经理打来电话，同样想要投资。当天晚上，当杜彬接到了第三名“18 基金”经理的电话时，他意识到：他们的伯乐到了！

原来，在“18 基金”的一次策略会上，桌游被盛大视为非常值得投资的新兴热点行业。而这三个基金经理，都不约而同地把游卡和三国杀当成了最值得投资的桌游项目。

2009 年 6 月和 2010 年初，两笔合计超过两千万元的投资先后到位，游卡桌游文化发展有限公司解决了资金困难问题，盛大则获得了该公司的控股地位。

有了盛大的资金支持，游卡再次迈向了新的高度。开放性的“设计师俱乐部”开始面向一切热爱桌游的人征集创意，组织培训，甚至开始投资于一些拥有出色创意的小型桌游工作室。

同时，初具雏形的三国杀 Online 版的研发和运营重心开始逐渐向盛大的专业网游团队倾斜。杜彬表示，网络版的运营最终会交给盛大，游卡则从收入中分成。

此外，杜彬和黄恺认为游卡每年应至少推出10款不同类型的桌游产品，丰富产品线，从而降低对三国杀的依赖。他们还学习网游的“资料片升级”模式，持续推出三国杀的后续升级版本。所有的升级版都以标准版为基础，既提升了标准版的可玩性，又延长了产品寿命，三国杀商业价值得以再度提升。

优化客户体验、塑造品牌形象的计划也悄然展开。作为行业的开创者和领导者，游卡迈出了更为坚实的脚步。

案例思考：通过三国杀案例，请结合图1-3分析创业的一般过程和创业方法。

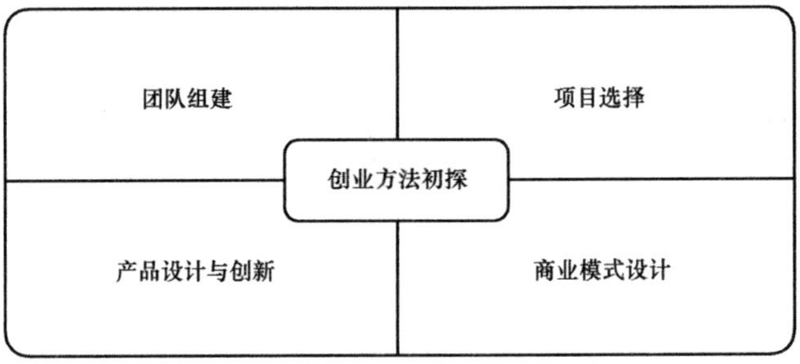

图1-3　创业一般过程与方法示意图

课后习题

1. 简述创业的意义。
2. 简述创业与职业生涯的关系。
3. 简述创业的内涵。
4. 简述创业的方法。

第2章

认知创业素质

★学习目标

1. 了解创业意愿的内涵。
2. 理解创业特质、创业精神的含义。
3. 掌握企业不同发展阶段创业知识的获取过程。
4. 理解创业能力的维度构成。

★导入案例

从烟草大王到橙王

2012 年 11 月红塔集团原董事长、昔日“中国烟草大王”褚时健种植的橙子在北京正式上市。这位 20 世纪末叱咤中国烟草业的风云人物，在蛰伏十年之后，再次走进人们的视野。

褚时健 1928 年出生在云南省玉溪市华宁县的一个农民家庭，自 1979 年 10 月（51 岁）任玉溪卷烟厂厂长后便荣誉不断：1990 年被授予全国优秀企业家终身荣誉奖“金球奖”，1994 年被评为全国“十大改革风云人物”。

在其领导玉溪卷烟厂（后为红塔集团）的 18 年里，为国家贡献的利税至少有 1 400 亿，玉溪卷烟厂也由一个根本不知名的小企业，一跃成为亚洲第一、世界第三的国际著名烟草企业集团。

褚时健虽曾缔造红塔帝国风光一时，却因贪污案件而身陷囹圄。70 岁时，女儿自杀身亡；71 岁时，被判无期徒刑；74 岁时，保外就医；75 岁时，承包 2 000 亩荒山创业；84 岁时，果园年产橙子 8 000 吨，利润超过 3 000 万元。

然而，橙王褚时健的再次创业还要从保外就医谈起。

2002 年保外就医后，众多烟草企业高薪请褚时健出山当顾问，却被他一一拒绝。

2002 年，褚时健投身冰糖橙这个行业时，云南的冰糖橙市场已经饱和。但当他吃到来自澳大利亚的进口橙子时，就想创自己的牌子。熟悉褚时健的人说，这就和当年他看到国外的著名香烟品牌万宝路时的反应一样，一个劲儿地想要创造中国自己的高档香烟品牌。

褚时健二次创业，进入冰糖橙这样一个市场几近饱和的行业，就是想要证明在体制外也能成功。他是在探索一种新农业模式。

褚时健和妻子在橙园搭了工棚，吃住都在园里。他要在这块贫瘠的土地上种出极品橙子，把国外橙子比下去。

白手起家困难重重。橙子刚挂果时，褚时健年年都会遇到不同问题，果树不是掉果子，就是果子口感不好。这个没什么爱好的老人，买来书店所有关于果树种植的书，一本一本地看。

后来橙子不掉了，但口感淡而无味，既不甜也不酸，褚时健睡不着，半夜12点爬起来看书，经常弄到凌晨三四点，最后得出结论，一定是肥料结构不对。

这种果子褚时健不敢卖到市场上，因为怕砸了牌子。第二年，褚时健和技术人员改变肥料配比方法，果然，口味一下就上来了。据说，这种用烟梗、鸡粪等调制的有机肥，成本虽只有200多元，效果却赶得上1 000元的化肥。

褚时健说："好的冰糖橙，不是越甜越好，而是甜度和酸度维持在18∶1左右，这样的口感最适合中国人的习惯。"

作为一个标准的技术型企业家，褚时健学习能力强，对技术要求严苛，实实在在提高产品品质，扎扎实实做东西，这都体现了一个企业家的实业精神。他还经常戴着草帽，穿着拖鞋，为了寻找水源而一天爬几个山头。

在管理方式上，他使用了以前的办法。以前在管理烟厂的时候，他采用和烟农互利的办法。为了让烟农种出优质烟叶，他采用由烟厂投资，直接到烟田去建立优质烟叶基地的办法，并且把进口优质肥料以很低的价格卖给烟农。当时烟农有好多都富了，与烟农"双赢"的是烟厂，原料一天比一天好，竞争力一天比一天强，厂子最后变成了"印钞工厂"。

而在果园，他给每棵树定标准，产量上定个数，说收多少果子就收多少，因为太多会影响果子质量，所以，多出的果子他不要。这样一来，果农一见到差点的果子就主动摘掉，从来不以次充好。

他还制定了激励机制，一个果农只要承担的任务完成，就能领到4 000元工资，质量达标，再领4 000元，年终奖金2000多元，一个农民一年能领到一万多元，比到外面打工挣钱还多。

以前，褚时健管理烟厂的时候，想到烟厂上班的人挤破头；现在他管理果园，想在果园干活的人也挤破头。

如今，这位老人，面对人生的沧桑，懊恼过、痛苦过，但流过泪后，擦干泪水，又一次点燃希望之火，用心过日子，将日子过得红火，让周围的人幸福、快乐。

案例思考：该案例体现了创业者的什么创业特质和创业精神？

2.1　创业意愿

2.1.1　创业意愿的含义

意愿是一种心理状态，引导个人的注意力甚至是经验和行动，为了获得某件东西（某种方法），而指向一个特定的目标（目的）或道路。意愿表明了行动者对于行为的有目的的和自发的状态，行动者可以意想他的行为，但是没有办法意想行为的结果。创业者的欲望与普通人欲望的不同之处在于，他们的欲望往往超出他们的现实，往往需要打破他们现在的立足点，打破眼前的樊笼，才能够实现。

在创业意愿的理论研究中，创业意愿是潜在创业者对从事创业活动与否的一种主观态度，是人们具有类似于创业者特质的程度以及人们对创业的态度、能力的一般描述。创业意愿旨在创立一家新公司或是在已有的公司中创造出新的价值增长点。Bird（1988）认为，创业意愿有两个维度，其一是内源/外源维度，即创业者的意愿（内源）和利益相关者、市场等的意愿（外源）。创业意愿的另外一个维度是理性/直觉维度。理性的、分析的和因果导向的心理过程是商业计划、机会分析、资源获取、目标设定和大多数目标指导行为的基础。直觉的、整体的和情景性的思维，如愿景、预感等，同样驱使着创业者坚定不移地去追求创业目标。

2.1.2　影响创业意愿的因素

（1）个体特质对个体的创业意愿具有重要的影响，它在很大程度上决定了个体的创业意愿。影响创业意愿的心理特征有成就欲望、内控信念、风险承担倾向、识别和利用机会的能力、模糊性承受能力、处理问题的风格、企业家的个人价值观选择等。

（2）创业环境的影响。首先，包括经济、社会、文化、政治等因素；其次，涉及便利创业过程的来自外在环境的所有支持或帮助服务。

（3）从学生接受的创业教育的角度看，个人背景、在校经历、前瞻性人格、创业能力、具备的创业知识都会影响个体的创业意愿。

（4）在计划行为理论中，对创业意愿的研究发现，创业意愿主要由以下三个方面决定：一是态度，指个人对行为所抱有的积极或消极评价；二是感知行为控制力，即个体感知到的执行某种行为的控制能力；三是主观规范，即影响个体决策的外界因素，包括个人感知到的来自配偶、家属、朋友、老师、医生、同事等重要参照个人或群体对行为的期望。

2.2　创业特质

2.2.1　创业特质的定义

为什么是一些人，而不是另外一些人成了创业者？创业者作为创业主体，其创业特质在其中发挥的作用不容忽视。那什么是创业特质呢？一般认为创业特质是指创业者的人格特质，即创业者在不同的时间与不同的情境中保持相对一致的行为方式的一种倾向。按照现代五因素特质理论（表2-1），人格特质具有情绪稳定性、外倾性、开放性、随和性、谨慎性五大特征，这些特质越是稳定，在不同情况下出现的频率越高，在描述个体行为时就越显得重要。

表2-1　现代五因素人格特质

人格特质	表现特点
情绪稳定性	烦恼对平静，不安全感对安全感，自怜对自我满意；包括焦虑、敌对、压抑、自我意识、冲动、脆弱等特质
外倾性	好交际对不好交际，爱娱乐对严肃，感情丰富对含蓄；表现出热情、果断、活跃、冒险、乐观等特点
开放性	富于想象对务实，寻求变化对遵守惯例，自主对顺从；具有想象、审美、情感丰富、求异、创造、智慧等特征
随和性	热心对无情，信赖对怀疑，乐于助人对不合作；包括信任、利他、直率、谦虚、移情等品质
谨慎性	有序对无序，谨慎细心对粗心大意，自律对意志薄弱；包括胜任、公正、条理、尽职、成就、自律、谨慎、克制等特点

资料来源：https：//baike. baidu. com/item/大五人格理论/7065662？fr = aladdin.

2. 2. 2　创业特质的构成

成功的创业者没有统一的人格特征；不同类型的人格特质，只要找到发挥其潜能所必须遵循的路径，创业就有可能成功。目前学界一致认可的创业特质有控制源、创新、成就动机。

控制源是个人对行为、事件结局的泛化性期待，也就说个人是否认可行为、事件的结果取决于自身，主要分为外控倾向和内控倾向。外控倾向是指个人认为结局由外部力量所控制，如运气、命运、社会化背景和其他人；内控倾向是指个体相信行为、事件的结果是由自己来掌控，通过自己的努力和能力可以影响行为或事件的结果。

创新则主要是指个体在思想和行为上的一种创造性倾向，包含创新性、创造性及进取心等。

成就动机一直是创业特质中不可或缺的因素，是指个体希望表现杰出，以追求进步与完美的欲望。虽然有不少研究指出创业者具有较高的成就动机，但是也有研究指出，在中国创业者和非创业者的成就动机可能并没有显著的差异。这或许是在不同文化背景下，人们对成就动机有不同的理解。杨国枢和余安邦在将成就动机本土化的研究中提出，成就动机应进一步区分为自我取向成就动机和社会取向成就动机。自我取向成就动机是个人想要超越某种内在决定的目标或优秀标准的动态心理倾向；而社会取向成就动机则被定义为一个人想要超越某种外在决定的目标或优秀标准的动态心理倾向。

2.3　创业精神

2.3.1　创业精神的定义

创业精神就是善于捕捉和利用机会，敢于承受必需的风险，为创造新的某种价值，努力发挥创造力，实现创新的一种勇往直前的文化与心理过程。创业精神是一种作用于经济活动的“超经济”的过程。

创业精神可以推动科技创新、开发新产品、创造新服务、开拓新市场，也可以再造企业、成就企业家等。

2.3.2　创业精神的核心维度

尽管不同的创业精神论述在具体的维度构成认识上有所差异，但特定的创业事件总是不同程度的创新性、冒险性与主动性的组合，这就是创业精神的基本特征。以往大量研究所采用的创业精神均分成上述的三个维度。它们的具体含义如下：创新性，指新奇的研发，开发独特的产品、服务方式或生产流程；冒险性，指愿意尝试具有较大失败可能性的机会；主动性，指在克服障碍时的创造力与持续的努力。在研究中，通常以这三方面的行为表现来对创业精神进行测试。

在比尔·盖茨看来，成功的首要因素就是冒险，有冒险才有机会，正是有风险才使得事业更加充满跌宕起伏的趣味。创业家的冒险，迥异于冒进。什么叫冒险，什么叫冒进？冒险是这样一种东西，你经过努力，有可能得到，而且那东西值得你得到。否则，你只是冒进，死了都不值得。创业者一定要分清冒险与冒进的关系，要区分清楚什么是勇敢，什么是无知。无知的冒进只会使事情变得更糟，你的行为将变得毫无意义。

★应用案例

创业本身就是一项冒险活动

很多创业者在创业的道路上，都有过“惊险一跳”的经历。这一跳成功了，功成名就，白日飞升；要是跳不成，就只好凤凰涅槃了。当年周枫带人做婷美，这样一个500万元的项目，做了2年多，花了440万元还是没有做成。眼看钱就没了，合作伙伴都失去了信心，要周枫把这个项目卖了。周枫说，这样好的项目不能卖，要卖也要卖个好价钱。合作伙伴说，这样的项目怎么能卖到那么多钱，要不然你自己把这个项目买下来算了。周枫就花5万元把这个项目买了下来。原来大家一起还有个合伙公司，作为代价，周枫把在这个合伙公司的利益也全部放弃了，据说损失有几千万元。单干的周枫带着23名员工，把自己的房子抵押，跟几个朋友一共凑了300万元。他把其中5万元存在账上，其余的钱，他算过，一共可以在北京打2个月的广告。从当年的11月到12月底，他告诉员工，这回做成了咱们就成了，不成，你们把那5万块钱分了，算是你们的遣散费，我不欠你们的工资。咱们就这样了！这些话把他的员工感动得要哭，当时人人奋勇争先，个个无比卖力，结果婷美就成功了。周枫成了亿万富翁，他的许多员工成了千万富翁、百万富翁。现在很多的大学教授、市场专家分析周枫和婷美成功有诸多原因，发现其实事情没有多么复杂。说白了，不过是一个合适的产品，加上一个天性敢赌的领导，加上一些合适的营销手段，就有了这样一桩成功的案例。

★知识链接

创业精神的五大要素

一、激情（Passion）

没有人能比维京集团（Virgin Group）创始人理查德·布兰森（Richard Branson）更理解“激情”一词的含义。布兰森的激情，从他对创建公司的强烈欲望中可窥一斑。始建于1970年的维京集团，旗下拥有超过200家公司，业务范围涵盖音乐、出版、移动电话，甚至太空旅行。布兰森打过一个比方，“生意就好像公共汽车，总会有下一班车过来”。

二、积极性（Positivity）

亚马逊创始人杰夫·贝索斯（Jeff Bezos）非常清楚积极思考的能量。他以“每个挑战都是一次机会”为座右铭。事实上，贝索斯把一家很小的互联网创业公司，发展成了全球最大的书店。

亚马逊于1995年7月正式启动，两个月内就轻松实现了每周2万美元的销售额。20世纪90年代末，互联网公司纷纷倒闭，亚马逊股价也从100美元降至6美元。雪上加霜的是，一些评论家预测，美国最大的书店巴诺（Barnes & Nobles）启动在线业务，这将彻底击垮亚马逊。紧要关头，贝索斯挺身而出，向外界表达了乐观和信心，针对批评言论，他还一一列举公司的积极因素，包括已经完成的和准备实施的。

贝索斯带领亚马逊不断壮大，出售从图书到衣服、玩具等各种商品。今天，亚马逊年度营收已超过百亿美元，这很大程度上要得益于贝索斯的积极思考。

三、适应性（Adaptability）

适应能力是企业家应具备的最重要的特质之一。每个成功的企业主，都乐于改进、提升，或按照客户意愿定制服务，以持续满足客户所需。

Google创办人谢尔盖·布林（Sergey Brin）和拉里·佩奇（Larry Page）更进一步，他们不仅对变化及时反应，还引领发展方向。凭借众多新创意，谷歌不断引领互联网发展，将人们的所见所为提升到一个前所未有的新境界，如Google Earth技术带来的变化。拥有这种先锋精神，也无怪乎谷歌能跻身最强大的网络公司行列。

四、领导力（Leadership）

好的领导人一定具有很强的个人魅力和感召力，有道德感，有在组织里树立诚信原则的意愿；他也可能是个热心人，具有团队协作精神。在已近迟暮之年的玫琳凯·艾施（Mary Kay Ash）女士身上我们可以发现所有这些元素。她创建了玫琳凯（Mary Kay Cosmetics）品牌，帮助超过50万名女性开创了自己的事业。

很早以前，身为单亲母亲的艾施在一个家用产品公司做销售。虽然25年间她的销售业绩一直名列前茅，但是由于性别歧视，艾施无法在晋升和加薪时获得和男同事一样的待遇。艾施终于受够了这种歧视，1963年，她用5 000美元创办了玫琳凯公司。

艾施以具有强大驱动力和富于灵感的领导风格闻名，她创办公司的态度是“你能做到！”她甚至会将凯迪拉克轿车奖给顶尖的销售者。由于其强大的领导力技巧，艾施被认为是近35年来最具影响力的25位商业领袖之一，而玫琳凯也被评为美国最适合工作的企业之一。

五、雄心壮志（Ambition）

20岁时，戴比·菲尔兹（Debbi Fields）几乎一无所有。作为一个年轻的家庭主妇，她毫无商业经验，但她拥有绝佳的巧克力甜饼配方，并梦想全世界的人都能分享到。1977年，菲尔兹开设了自己的第一家店（Mrs. Field's），尽管当时很多人认为她仅靠卖甜饼无法将业务维持下去。菲尔兹的果断决定和雄心壮志最终使得小小甜饼店变成了一家大公司，600多个销售点遍布美国和其他10个国家。

2.3.3　创业精神的衡量

个体层面的创业精神的衡量主要体现在对企业家个人的创业动机、创业倾向和一般创业特征等的量度。比较有代表性的测量有：

（1）总体创业倾向测验。该测验包含54个项目的量表，用以测量五个维度特征：成就需求、自治、决断性、风险承担和创造性。

（2）Timmons等（1999）的创业特质量表。该量表测量了创业者六方面的核心特征：承诺及决断力、领导力、掌握机会的能力、风险承受力、创造力与适应力、卓越动机。

（3）Frese等（1996）提出个人主动性概念，用以衡量创业者个体水平的创业精神。对于创业者个体主动精神的测量，可以从以下途径展开：通过询问创业者额外工作完成情况衡量其总体个人主动性；克服障碍的动力；访谈者的主观评价；企业家的个人报告等。

（4）Thomas（2000）强调从创业导向的角度测度个体创业精神。他认为具有创业导向的个体的特征主要包括：成就动机、高不确定性容忍且中度风险承担、创造性、精力充沛、愿意对成败承担责任，可以从这几个维度测量个体的创业导向。

2.3.4　创业者如何弘扬创业精神

在全方位推进创业的形势下，创业者应克服思维定式，在捕捉机遇、承担风险、进行创新上下功夫。

（1）创业精神与捕捉机遇。《辞海》将“机遇”解释为：“有利于社会发展、工作开展和科学发现的机会、时机。”对于创业者来说，整个社会环境的变化，就是创业的机遇。弘扬创业精神，在克服思维定式的前提下，首要环节是捕捉机遇。从一个企业面临的局部环境来讲，各种社会需要就是创业的机遇，而存在着的不平衡、不一致就是机遇的一种征兆。例如，生产商和供应商常常不能理解顾客的实际需要，他们会抱怨顾客“不通情理”，不愿买他们高质量的商品。实际上，可能是生产商、供应商同消费者对某类商品的看法或价值观不一致。

（2）创业精神与敢于承担风险。风险是在一定的失控条件下，由于各种复杂性和变动性因素的影响，使实际结果与预测发生背离而导致利益损失的可能性。市场必有竞争，创业总有风险。对于创业者来说，所遇到的各种各样的风险，大致有这样几种：机会风险、技术风险、市场风险、资金风险、管理风险。弘扬创业精神就必须估计到各种风险，要勇于承担必须承受的风险，并通过多方面努力，尽量化解与降低风险。当然，创业还应有一个好的法制环境与政策环境，要有比较完善的社会保障体系。这样，人们才能较普遍地敢于承担风险。

（3）创业精神与进行创新。弘扬创业精神，在善于捕捉机遇、敢于承受必需的风险的前提下，其落脚点还是要实现各种类型的、大大小小的创新，这样才能获取潜在的利润或创造其他新的价值。在竞争激烈的社会条件下，弘扬创业精神与进行创新是相辅相成的，因为只有创新才能为企业提供竞争优势。熊彼特认为，创新就是把生产要素和生产条件的新组合引入生产体系，即建立一种新的生产函数，其目的是获取潜在的利润。按照熊彼特的观点，创新有多种不同的形式，可以是开发新的产品或对产品进行改进，可以是对产品的生产方式、工艺流程进行改进，可以是打开新的市场，可以是获得新的供应来源，可以是形成新的产业组织结构等。

2.4 创业知识

2.4.1 创业知识的含义及类型

在知识经济背景下，创业知识对新企业创建及成长所发挥的作用越来越重要，但关于创业知识的概念和内涵目前尚不清晰，不同学者提出的观点存在差异。总体而言，对创业知识的含义的界定可以归纳为两方面：其一是将创业的关键要素融入创业知识的概念体系中，从创业机会、资源或者结果的角度加以界定，但他们对创业知识的认识较为抽象，难以清晰地描绘出创业知识的类型和特征；其二是从知识的功能性角度加以界定，依据创业过程所需要的各种知识进行分类，使得创业知识更为具体化，不同知识间的逻辑关系更为清晰。虽然这些不同功能性的知识似乎能为我们的实证研究提供支撑，但不足之处在于其与一般性知识的区别或界限并不显著。

根据单标安和陈海涛等（2015）的定义，本书将创业知识定义为那些在新企业创建或成长过程中能够用于识别机会、合理配置资源、运营管理新企业以及进行创业战略选择并能创造出经济效益的知识，并将创业知识分为三类：第一类是与市场或顾客相关的知识，如市场需求、顾客偏好、市场竞争程度等知识，该类知识主要用于机会的识别和评估；第二类是功能导向型知识，如人力资源管理、财务管理、营销管理、生产管理等方面的知识，该类知识主要用于实现创业资源优化配置和运营管理新企业；第三类为战略导向型知识，如市场竞争策略分析、营销策略分析、产品策略分析等方面的知识，该类知识主要用于指导新企业战略层面的决策行为。

2.4.2 创业知识的获取

在创业过程中，创业者先验知识毕竟是极为有限的，所面临的创业环境也在持续发展变化，因而创业者或新企业需有针对性地获取新的创业知识。创业知识源主要包括创业者先前经验、社会网络、教育或培训、创业实践这四类，不同的知识源对应的获取方式及在新企业不同发展阶段下的作用也不同。要针对不同的知识源，采取相应的学习方式以获取不同类型的创业知识。新企业不同发展阶段的创业知识获取模型表明，新企业在动机、创建及成长等实践过程中，创业者不仅需要借助于创业教育和自身经验积累知识，同时还需要有目的地构建相应的关系网络，加强与组织内部、外部关系成员的交流，强调在创业实践中学习和领悟知识（图 2-1）。

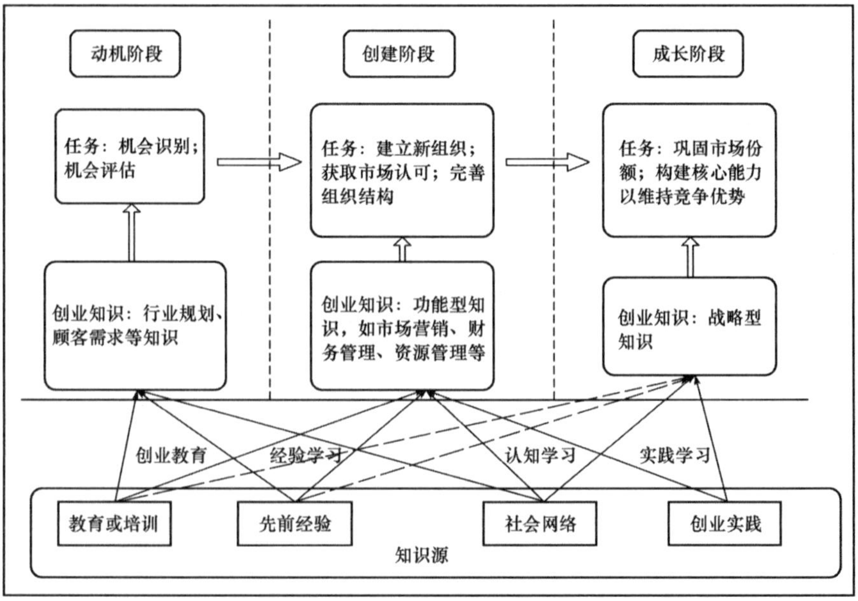

图 2-1　新企业不同发展阶段创业知识的获取模型

注：虚线表示影响较小。

（1）先前经验。一定的经验集合成为其获取创业知识的重要来源。先前经验包括行业经验、创业经验和管理经验，其中行业经验促进新企业创业者获取市场相关知识，如行业规则、顾客需求和市场容量等知识；创业经验能为新企业创业者带来创业流程、处理不确定性的方法、筹措资金的方法等知识；管理经验能为创业者带来规范化运营和管理组织的相关知识。

（2）教育或培训。已有的大量研究表明，参加过创业方面的教育或培训的创业者成功的可能性更大。高等院校或培训机构的创业教育授予他们成功创建新企业的关键知识和技能，一些显性的创业知识更容易通过教育的形式获取。

（3）社会网络。Minniti 和 Bygrave（2001）指出，基于经验的学习容易产生路径依赖，需从外部特别是创业者的社会网络获取、更新创业知识，其不仅包括新企业或者创业者在组织外的关系网络，还包括组织内部所构建的关系网络，而通过观察、模仿社会网络成员行为或结果获取知识的过程，被称为认知学习过程。社会网络因其特殊的结构，为创业者带来大量的信息、知识和资源，特别是新企业创建过程中面临诸多新生劣势的背景下，创业者积极寻求社会关系的支持成为解决困境的重要途径。

Widding（2005）的研究发现，创业者可以从不同的社会关系群体中获取创业知识，其一是组织的员工或创业团队成员，他们是创业知识的主要来源，且这部分人的知识最难被竞争对手所模仿；其二是企业外部的顾客、同行、供应商、专业科研机构、市场专业人员（律师、顾问等）等，要对他们进行观察学习（即认知学习）。因而，认知学习在新企业不同发展阶段都起着极为重要的作用，但起关键作用的社会网络结构会发生变化。在成长阶段，这些较为正式的社会网络将逐步取代创建前期和创建期所依赖的非正式网络而成为获取创业知识的主要来源渠道。

（4）创业实践。创业实践反映创业者在创业活动中进行摸索，通过持续的实践过程以更新、积累创业知识，这个过程便是实践学习。在基于社会网络进行观察和模仿等方式学习的基础上，新企业创业者还需不断地摸索和实践，以获得与新企业所处环境相匹配的创业知识。实践学习强调了在创业实践中进行反思的重要性，因为环境的快速变化和创业的高不确定性往往使得已有的知识体系难以与当前的创业情境相匹配。因而，需要通过“干中学”的方式来弥补、更新已有创业知识体系的不足，包括功能型知识和战略导向型知识。由于创业动机阶段创业者未进行实质性的创业实践，因此实践学习主要发生于新企业创建及成长阶段。

★知识链接

创业思路的几个共同来源

对于创业者来说，只有真正见多识广，具有广博的见识、开阔的眼界，才能有效地拉近自己与成功的距离，使创业活动少走弯路。

众多成功创业者创业思路的几个共同来源。

第一，职业。俗话说，“不熟不做”。创业时从事熟悉的职业，对行业的运作规律、技术、管理都非常熟悉，人头、市场也熟悉，这样的创业活动成功的概率很大。这是最常见的一种创业思路。

第二，阅读，包括书、报纸、杂志等。比亚迪老总王传福的创业灵感来自一份国际电池行业动态，即一份简报似的东西。1993 年的一天，王传福在一份国际电池行业动态上读到，日本宣布本土将不再生产镍镉电池，王传福立刻意识到这将引发镍镉电池生产基地的国际大转移，自己创业的机会来了。果然，随后的几年，王传福利用日本企业撤出留下的市场空隙加之自己先在电池行业多年的技术和人脉基础，做得顺风顺水，财富涨水似地往上冒。很多人将读书与休闲等同，而对创业者来说，阅读就是工作，是工作的一部分，创业者一定要有这样的意识。

第三，行路。俗话说，“读万卷书，行万里路”。行路，各处走走看看，是开阔眼界的好方法。眼界意味着什么？如果你是一个创业者，开阔的眼界意味着你不但在创业伊始可以有一个比别人更好的起步，有时候它甚至可以挽救你和你的企业的命运。眼界的作用，不仅表现在创业者的创业之初，它会一直贯穿于创业者的整个创业历程，“一个创业者的眼界有多宽，他的事业也就会有多大”。

第四，交友。很多创业者最初的创业主意是在朋友启发下产生的，或干脆就是由朋友直接提出的。所以，这些人在创业成功后，都会更加积极地保持与朋友的联系，并且广交天下友，不断地开拓自己的社交圈子。与朋友们进行头脑风暴，就能够不断地有新思路、新点子。

2.5　创业能力

2.5.1　创业能力的内涵

创业能力是创业者拥有的关键技能和隐性知识，是个体拥有的一种智力资本，它作为高层次的特征，其中包含个性、技能和知识，被视为创业者能成功履行职责的整体能力。创业能力对个体是否选择创业具有显著作用，同时也对新创企业的绩效有重要影响。

基于创业者角色分析，Chandler 等人认为，个体在整个创业过程中需要担当三个角色，即创业的角色、管理的角色和技术职能方面的角色。创业的角色是指创业者必须研究自身所在的环境，选择有利可图的机会，并规划出战略。管理的角色就是创业者开发计划、编制预算方案、评价绩效以及为顺利执行战略而需要完成其他工作。技术职能的角色即指创业者能够运用特定领域中的工具和技术。

创业者为了顺利履行上述角色的责任而获得良好的创业绩效，需要具备以下的能力：①识别出可利用的机会；②驱动企业完成从创建到收获的整个过程，这需要个体发自内心的长时间努力工作；③概念性能力：协调组织内所有的兴趣、利益和活动的能力；④人力能力：能够与组织中的人士一起工作，理解并激励他们；⑤政策性能力：提升地位，建立合适的联系；⑥使用特定领域内的工具和技术的能力，有时还需要成为某行业的专家。

2.5.2　创业能力的维度

在创业过程中创业者需要完成两大任务：感知、发现和开发机会；运营管理新企业，构建组织能力并促进企业成长。因此，可以将创业能力划分为两部分，即与识别和开发机会任务相关的机会识别与开发能力（以下简称为机会能力），以及与运营管理新企业，构建组织能力任务相关的运营管理能力，并在这个基础上进行创业能力的维度划分。

要在机会能力维度下设置机会识别能力和机会开发能力两个二阶维度，而在运营管理能力维度下设置了组织管理能力、战略能力、关系能力和承诺能力四个二阶维度（图 2-2）。

（1）机会识别能力：能够采用种种手段识别市场机会。创业是发现市场需求，寻找市场机会，通过投资经营企业满足这种需求的活动。创业需要机会，机会要靠发现，在市场经济大潮中要想寻找到合适的创业机会，需要创业者具备一定的素质。那么，如何判断一个好的商业机会呢？《21 世纪创业》的作者杰夫里·A. 第莫斯教授提出，好的商业机会有以下四个特征：第一，它能吸引顾客；第二，它能在创业者的商业环境中行得通；第三，它必须在机会之窗存在的期间被实施（注：机会之窗是指商业想法推广到市场上所花的时间，若

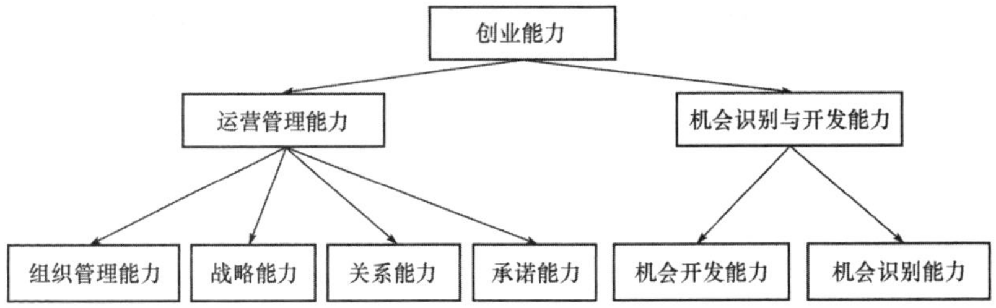

图 2-2　创业能力维度构成

竞争者已经有了同样的思想，并已把产品推向市场，那么机会之窗也就关闭了）；第四，创业者必须有资源（人、财、物、信息、时间）和技能才能创立业务。

★应用案例

从别人的一句话里听出 8 亿元的商机

创业者的敏感是对外界变化的敏感，尤其是对商业机会的快速反应。

潘石屹现在是商场的红人，潘石屹成为红人有他成为红人的理由。有谁能够从别人的一句话里听出 8 亿元的商机，而且是隔着桌子的一句话，是几个不相干人的一句话？

1992 年，潘石屹还在海南万通集团任财务部经理。万通集团由冯仑、王功权等人于 1991 年在海南创立。冯仑、王功权都曾在南德集团做过事，当年都是“中国首富”牟其中的手下谋士。万通成立的头两年，通过在海南炒楼赚了不少钱。1992 年，随着海南楼市泡沫的破灭，冯仑等人决定将万通移师北京，派潘石屹打前锋。

潘石屹奉冯仑的将令，带着 5 万元差旅费来到了北京。这天，他（指潘石屹）在怀柔县政府食堂吃饭，听旁边吃饭的人说北京市给了怀柔四个定向募集资金的股份制公司指标，但没人愿意做。在深圳待过的潘石屹知道指标就是钱，他不动声色地跟怀柔县体改办主任边吃边聊：“我们来做一个行不行？”体改办主任说：“好哇，可是现在来不及了，要准备 6 份材料，下星期就报上去。”

潘石屹立即将这个信息告诉了冯仑，冯仑马上让他找北京市体改委的一位负责人。这位领导说：“这是件好事，你们愿意做就是积极支持改革，可以给你们宽限几天。做定向募集资金的股份制公司，按要求需要找两个‘中’字头的发起单位。”通过各种关系，潘石屹最后找到中国工程学会联合会和中国煤炭科学研究院作为发起单位。万事俱备，潘石屹用手机打电话问冯仑：“准备做多大？”冯仑说：“要和王功权商量一下。”王功权说：“咱们现在做事情，肯定要上亿。”

潘石屹在电话那边催促冯仑快做决定：“这边还等着上报材料呢。”冯仑就在电话中告诉潘石屹：“8 最吉利，就注册 8 个亿吧。”北京万通就这样，在什么都没做的情况下，拿到了 8 个亿的现金融资。

这就是潘石屹那个“一言 8 亿”的传奇故事。后来万通在海南赔了本，多亏了潘石屹这一耳朵“听”来的 8 个亿，才有了万通的今天。

潘石屹能赚到这笔钱不是出自偶然，而是源于他的商业敏感。

有些人的商业感觉是天生的，更多人的商业感觉则依靠后天培养。如果你有心做一个商人，你就应该像训练猎犬一样训练自己的商业感觉。良好的商业感觉是创业者成功的最好保证。

案例思考：作为一名在校大学生，如何练就自己的商业感觉？

（2）机会开发能力：创业者将识别出来的机会落实的能力。创业机会识别和开发过程，与产品研究和开发过程很相似。不过产品研究和开发过程的结果是新产品，而成功的机会开发过程的结果是新企业的创立。机会开发过程包括机会识别、评价和开发。机会评价贯穿了整个创业机会的识别和开发的过程。

（3）组织管理能力：组织多种内外部人力、物质、资金、技术等资源，包括团队建设、领导员工、培训和控制。组织管理就是通过建立组织结构，规定职务或职位，明确责权关系，以使组织中的成员互相协作配合、共同劳动，有效实现组织目标的过程。组织管理能力是一个人的知识、素质等基础条件的外在综合表现。现代社会是一个庞大的、错综复杂的系统，绝大多数工作往往需要多个人的协作才能完成，所以，从某种角度讲，每一个人都是组织管理者，承担着一定的组织管理任务。

（4）战略能力：是否能够制定、评价和执行企业战略。创业是一个拼体力的活动，更是一个拼心力的活动。创业者的智谋将在很大程度上决定其创业成败。尤其是在目前产品日益同质化、市场有限、竞争激烈的情况下，创业者不但要能够守正，更要有能力出奇。对创业者来说，无所谓大智慧小智慧，能把事情做好、能赚到钱就是好智慧。

（5）关系能力：是否能够建立个体与个体，或个体与群体的良好互动关系。关系能力在关键时刻还能助力企业走出困境。“三聚氰胺奶粉”事件爆发，全国的乳品企业一夜之间进入寒冬，蒙牛也不例外，股价大幅度下跌，面临被外资收购危险。此时，牛根生迅速写了一封一万多字的“中国乳业的罪罚治救——致中国企业家俱乐部理事及长江商学院同学的一封信”，详细述说了企业处境。在得知蒙牛所处的窘境后，90% 以上的理事、同学从人力、物力、财力上均给予了支持。通过人际能力整合的资源在关键时刻保住了蒙牛。

★知识链接

创业者的人际资源

创业不是引“无源之水”，栽“无本之木”。每一个人创业，都必然有其凭依的条件，也就是其拥有的资源。一个创业者的素质如何，看一看其建立和拓展资源的能力就可以知道。

创业者资源可分为外部资源和内部资源两种。内部资源主要是创业者个人的能力，其所占有的生产资料及知识技能、家族资源等。拥有一份良好的内部资源，对创业者个人来说无疑是重要的。

外部资源的创立同样不可或缺。其中最重要的是创业者构建其人际网络或社会网络的能力。一个创业者如果不能在最短时间之内建立自己最广泛的人际网络，那他的创业一定会非常艰难，即使其初期能够依靠领先技术或者自身素质，比如吃苦耐劳或精打细算，获得某种程度上的成功，我们也可以断言他的事业一定做不大。

创业者的人际资源，按其重要性来看，排在第一的是同学资源。

在许多成功者的身后都可以看到同学的身影，有少年时代的同学，有大学时代的同学，更有各种成人班级如进修班、研修班上的同学。赫赫有名的《福布斯》中国富豪南存辉和胡成中就是小学和中学时的同学，一个是班长，一个是体育委员，后来两人合伙创业，在企业做大以后才分了家。腾讯马化腾也是与大学同学一起创业的。

实际上，同学之间本来就有守望相助的义务，在现今这个时代，带着商业或功利的目的走进学堂，也并没有什么不妥当。

同学之间因为接触比较密切，彼此比较了解，同时因为少年人不存在利害冲突，成年人则大多数从五湖四海走到一起，彼此也甚少存在利害冲突，所以友谊一般都较可靠，纯洁度更高。对于创业者来说，同学是值得珍惜的最重要的外部资源之一。

与同学相似的，是战友；可以与同学和战友相提并论的是同乡。共同的人文地理背景，使老乡有一种天然的亲近感。曾国藩用兵只喜欢用湖南人，中国历史上最成功的两大商帮——徽商和晋商不管走到哪里，都是老乡拉帮结派、成群结伙的。正是同乡之间互为犄角，互为支援，才成就了晋商和徽商历史上的辉煌。同学资源和同乡资源，可并称为创业者最重要的两大外部资源。

第二是职业资源。所谓职业资源，即创业者在创业之前，为他人工作时所建立的各种资源，主要包括项目资源和人际资源。充分利用职业资源，从职业资源入手创业，符合创业活动“不熟不做”的教条。尤其是在国内目前还没有像美国或欧洲国家一样，普遍认同和执行“竞业避止”法则的情况下，选择从职业资源入手进行创业，已经成为许多人创业成功的捷径和法宝。前中学数学教师、“好孩子”创始人宋郑还是通过一位学生的家长，得到了第一批童车订货，这才知道世界上原来还有童车这样一个赚钱玩意儿。同时，宋郑做童车的第一笔资金也是通过一位在银行做主任的学生家长获得的。如果没有学生家长的帮助，宋郑很可能会一事无成。而万通的冯仑和王功权原来则是同事，两人曾一起在南德工作过，后来两人离开南德，携手海南打天下，才有了现在的兴旺发达。

第三是朋友资源。朋友应该是一个总称。同学是朋友，战友也是朋友。老乡是朋友，同事一样是朋友。一个创业者，三教九流的朋友都要交，谈得来，交得上，就好像十八般兵刃，到时候不定就用上了哪般。朋友犹如资本金，对创业者来说是多多益善。“在家靠父母，出门靠朋友”“多一个朋友多一条路”是至理名言。一个创业者如果不能交朋友，没有几个朋友，肯定只有死路一条。人际交往能力应列在创业者素质的第一位。

(6) 承诺能力：是否能够一直经营企业，实施对供应商、员工、客户、风险投资者等利益共同体的承诺。Kathy Caprino (2004) 认为，创业者们总想要解决某个问题、创造某种新东西，然后注意力又转移到下一个目标上。事实上，一个充满激情的创业者必须在能力范围内全力以赴，以确保能够坚守承诺。创业者的承诺包括对公司的承诺、对创造更好的工作环境给员工的承诺、对客户的承诺、对提供优于竞争对手的体验的承诺、对客观评估业绩和应对事业起伏的承诺。如果缺乏对行动的坚定承诺，失败的概率就会增加。

★应用案例

创业者们如何避免失败的五个步骤

作为连续创业者、铁人三项赛运动员、演说家和充满激情的创业支持者，埃尔顿是一家新兴创业孵化器KYN的联合创始人之一。由于熟谙创立一家企业所面临的种种挑战，埃尔顿曾在不同的公司，从建筑到鞋类再到科技初创企业，扮演过创始人、联合创始人和顾问等不同角色。埃尔顿具有企业市场营销的背景，但因怀有振兴当地商业环境的目标而毅然决然地离开了这个领域。为了实现这个目标，他在杰克逊维尔市中心的第一个联合办公区间创立了Co Work Jax，并联合成立One Spark。One Spark是一个专门为创业者们举办的为期五天的活动，在此期间，他们能够与帮助将其理想变为现实的人们取得联系并获得资源。One Spark就是世界众筹节（World's Crowdfunding Festival）的主办方。

埃尔顿就创业者们如何避免失败的五个步骤分享了他的观点：

第一，现在就开始行动。

世界上任何大公司的建立都始于真正的行动。问题在于，创业者们往往是完美主义者。他们想要解决问题，但是他们的个性制造了障碍。在对各种可能面临的挑战一一进行分析之前，创业者往往不会开始真正有价值的行动。创业者们应该记住这个公式：想法+可以获利的执行方案=企业。

第二，像个变态一样喜欢数据。

数据的危险之处在于使用不当，比如在分析数据、分析错误的数据集、反馈循环方面不加以规范以及免除团队对数据的责任。刚开始的时候，创业者们可以靠走捷径侥幸成功，但不可能长期如此。如果一家公司将需要解决的问题遮盖起来，放到以后再来处理，那么最终会遇到铺天盖地的麻烦。

只要创业者们对数据不再抱有抵触情绪，并学会爱上数据、接受数据，一切就会好起来。记住，数据是以更快速度实现目标的一个基础性决策工具。像个变态一样爱上它，目标才能更快实现。

第三，把仪表盘用起来。

这可能看上去像是在重复第二点，但事实并非如此。反馈循环在任何一个创业者的企业中都至关重要，这点毋庸置疑。很多人没意识到的是，各路反馈循环汇聚在一起后，能够形成一幅关于公司运转的宏观图景。

创业者的首要工作是创造有价值的东西。如果不能够在每一个微小的细节上反复贯彻“倾听—学习—行动”这个流程的话，就不可能达成目标。反馈循环的真正价值在于创业者用它从宏观视角来了解方方面面整合在一起的效果。手头缺乏工具来评估公司运行情况的创业者，应该掌握一个这样的工具，CYFE、Geckoboard和Ducksboard都是不错的选择。创业者们应该寻找一个适合其公司的“仪表盘”，并要求其各部门负责人为其团队创建一个，并坚持以干净和准确的数据输入这些仪表盘，让它们变得简洁。如果仪表盘中的数据对日常决策毫无作用，那么就删掉它。

第四，每天创新。

请每天创造一些给公司带来正能量的新鲜事物。动力是很难重新启用的一样东西。这就是为什么耐力运动员几乎不会错过他们训练周期中每一天的原因，并且如果他们错过了，就会把接下来一天的训练视作人生中最重要的一场训练。动力至关重要。每天都为这家公司、这里的员工以及顾客创造些东西将有助于保持这些势头，并确保整个团队会奔着同样的目标前进。

第五，要有耐心，要有紧迫感，要有人性。

企业的周期性本质会逼迫创业者去掌握宝贵的技能，要懂得什么时候该努力争取，什么时候顺其自然。为这家公司设置一个节奏往往要从这位创业者、这位领袖和这位创始人开始。一家公司的发展方向取决于它的领袖。

知道什么时候要有耐心（对团队、市场和你自己）和什么时候营造出一种无所不包的紧迫感，这绝对至关重要。比如，我们不久前跟一家风投支持的初创企业有过合作，尽管处在压力下，但这家公司依然运作得非常理想。有趣的是，只要他们有一点点的空闲时间，他们便会完全失去重心，效率下降，结果公司利润开始下滑。

在与这家公司创始人合作的这几个月里，我们一致同意制定一个侧重于两个月周期的工作日程。在头两个月里，这家公司全速前进，然后在接下来的一个月，纯粹是向他们的新客户提供服务，与此同时允许他们的员工多一些时间开小差。于是该公司的工作效率大幅提高，利润也随之增加，而且公司文化逐步形成。倾听、学习、行动，然后重复。

当其他一切都失败的话，要表现出谦虚、谦卑、爱你的手下，重新回到工作中去。全身心投入行动中，你解决问题的可能性将会大幅提高。

案例思考：对于每个创业者而言，是不是只要按照上述材料中的五个步骤就能避免创业失败？

课后习题

1. 简述创业意愿的内涵。
2. 简要论述创业精神该如何培育。
3. 简述企业不同发展阶段获取创业知识的途径。
4. 论述创业能力各维度之间的关系。
5. 简述现代五因素人格特质的表现特征。

第3章

创业项目选择

★学习目标

1. 了解如何寻找创业机会。
2. 认知行业的内涵，了解行业选择的重要性。

★导入案例

“老干妈”陶华碧：把5块钱生意做成25亿元

凌晨3点，从贵阳龙洞堡机场出来，道路两旁的大部分树木楼房都湮没在黑暗中。唯一还亮着的，是一栋高楼顶上“老干妈”三个红色的霓虹灯字，它背后是一排灯火通明的厂房。

每一天，这里都会生产出大约130万瓶辣椒酱，由始终等候在厂区的卡车拉走进入销售渠道，然后迅速被发往全国各地的大小超市，以及遍布五大洲的30多个国家和地区。

20岁那年，陶华碧嫁给了贵州206地质队的一名地质普查员，但没过几年，丈夫就病逝了。丈夫病重期间，陶华碧曾到南方打工，她吃不惯也吃不起外面的饭菜，就从家里带了很多辣椒做成辣椒酱拌饭吃。经过不断调配，她做出一种很好吃的辣椒酱，这就是现在“老干妈”仍在使用的配方。

1989年，陶华碧在贵阳市南明区龙洞堡贵阳公干院的大门外侧，开了个专卖凉粉和冷面的“实惠饭店”。在“实惠饭店”，陶华碧用自己做的豆豉麻辣酱拌凉粉，很多客人吃完凉粉后，还要买一点麻辣酱带回去，甚至有人不吃凉粉却专门来买她的麻辣酱。后来，她的凉粉生意越来越差，可麻辣酱却做多少都不够卖。

有一天中午，陶华碧的麻辣酱卖完后，吃凉粉的客人就一个也没有了。她关上店门去看看别人的生意，走了十多家卖凉粉的餐馆和食摊，发现每家的生意都非常红火，陶华碧发现了这些餐厅生意红火的共同原因——都在使用她的麻辣酱。

1994年，贵阳修建环城公路，昔日偏僻的龙洞堡成为贵阳南环线的主干道，途经此处的货车司机日渐增多，他们成了“实惠饭店”的主要客源。陶华碧近乎本能的商业智慧第一次发挥出来，她开始向司机免费赠送自家制作的豆豉辣酱、香辣菜等小吃和调味品，大受欢迎。

货车司机们的口头传播显然是最佳的广告形式，“龙洞堡老干妈辣椒”的名号在贵阳不胫而走，很多人甚至就是为了尝一尝她的辣椒酱，专程从市区开车来公干院大门外的“实惠饭店”购买陶华碧的辣椒酱。

对于这些慕名而来的客人，陶华碧都是半卖半送，但渐渐地来的人实在太多，她感觉到“送不起了”。1994 年 11 月，“实惠饭店”更名为“贵阳南明陶氏风味食品店”，米豆腐和凉粉没有了，辣椒酱系列产品开始成为这家小店的主营产品。

刚刚成立的辣酱加工厂，是一个只有 40 名员工的简陋手工作坊，没有生产线，全部工艺都采用最原始的手工操作。“老干妈”员工回忆说，当时捣麻椒、切辣椒是谁也不愿意做的苦差事。手工操作中溅起的飞沫会把眼睛辣得不停地流泪。陶华碧就自己动手，她一手握一把菜刀，两把刀抡起来上下翻飞，嘴里还不停地说：“我把辣椒当成苹果切，就一点也不辣眼睛了，年轻娃娃吃点苦怕啥。”

作坊时代的“老干妈”虽然产量很小，但光靠龙洞堡周边的凉粉店已经消化不了，她必须开拓另外的市场。陶华碧第一次感受到经营的压力。陶华碧用了一个“笨办法”：她用提篮装起辣椒酱，走街串巷向各单位食堂和路边的商店推销。一开始，食品商店和单位食堂都不肯接受这瓶名不见经传的辣椒酱，陶华碧跟商家协商将辣椒酱摆在商店和食堂柜台，卖出去了再收钱，卖不出就退货。商家这才肯试销。

一周后，商店和食堂纷纷打来电话，让她加倍送货；她派员工加倍送去，竟然很快又脱销了。陶华碧开始扩大生产，她给二玻的厂长毛礼伟打了一个电话：“我要一万个瓶子，现款现货。”

随着企业不断发展，“老干妈”品牌广为人知。

案例思考：请思考如何从生活中寻找创业机会。

3.1 项目提出

在前面的课程中，我们在一定程度上已经了解了创业的概念、内涵和创业者应具备的一些素质，以及创业的一般方法。如果我们要创业，还需要一个合适的创业机会。但是，什么是创业机会呢，我们又应该如何识别创业机会？下面我们通过一个案例做进一步的了解。

★应用案例

李维斯的创业之路

1829 年，李维斯·施特劳斯出生于德国一个小职员家庭。他顺利地完成学业后成了一名小文员。1847 年，李维斯从德国移民至美国纽约。1850 年美国西部发现了大片金矿，天生的不安分使他不安于做一个安稳的小职员，于是 20 多岁的李维斯决定加入浩浩荡荡的淘金队伍之中。

李维斯到达旧金山后才发现自己并不是第一个去淘金的人，曾经荒凉的西部现在到处都是淘金的人群，到处都是帐篷，于是他陷入深深的思考之中。

这些淘金者待在一个离市中心很远的地方，买东西十分不方便，李维斯看到那些淘金者为了买一点日用品不得不跑很远的路，于是决定不再做那个遥不可及的金子梦，而准备开一家日用品小店。小店生意不错，光顾的人络绎不绝。有一天，他又乘船外出采购了许多日用百货和一大批搭帐篷、马车篷用的帆布。由于船上旅客很多，那些日用百货没等下船就被人们抢购一空，但帆布却没人理会。

眼看帆布要赔本了，忽然他见一位淘金工人迎面走来，并注视着帆布。他连忙高兴地迎上前去，热情地问道："您是不是想买些帆布搭帐篷？"那工人摇摇头："我不需要再搭一个帐篷，我需要的是像帐篷一样坚硬耐磨的裤子，你有吗？"淘金的工作很艰苦，衣裤经常要与石头、砂土摩擦，棉布做的裤子不耐穿，几天就磨破了。"如果用这些厚厚的帆布做成裤子，肯定又结实又耐磨，说不定会大受欢迎呢！"淘金工人的这番话提醒了李维斯。

于是，他灵机一动，用带来的厚帆布效仿美国西部的一位牧工杰恩所特制的一条式样新奇而又特别结实耐用的棕色工作裤，向矿工们出售。1853 年，第一条日后被称为"牛仔裤"的帆布工装裤诞生了，当时它被工人们叫作"李维斯氏工装裤"。改革后的成熟牛仔裤以其坚固、耐久、穿着合适获得了当时西部牛仔和淘金者的喜爱。大量的订货纷至沓来。

1853 年，李维斯正式成立了自己的牛仔裤公司，开始了创建这个著名品牌的漫漫长路。公司开张后，产品十分畅销，但李维斯却对帆布做的裤子很不满意。因为帆布虽然结实耐磨，却又厚又硬，不但穿在身上不舒服，而且也无法像柔软的布料那样，设计出各种美观合身的款式，只能做成又肥又大、式样单调的裤子。他开始寻找新的面料，注意搜罗市场上的信息。终于有一天，他发现欧洲市场上畅销着一种蓝白相间的斜纹粗棉布布料，它是法国人涅曼发明的，兼有结实和柔软的优点。李维斯看了样布，当即决定从法国进口这种面料，专门用于制作工装裤。结果，用这种新式面料制作出来的裤子，既结实又柔软，样式美观，穿着舒适，再次受到淘金工人欢迎。

这次换用新的布料，在牛仔裤发展史上具有重要意义。此后，这种用靛蓝色斜纹棉布料做成的工装裤在美国西部的淘金工、农机工和牛仔中间广为流传，靛蓝色也成为李维斯氏工装裤的标准颜色。由于靛蓝色与欧洲原始时代和宗教信仰有着密切关系，它对牛仔裤后来在欧洲流行起着潜在的助推作用。

虽然初步获得了成功，但李维斯并不就此满足，他还在继续寻找机会，对牛仔裤进行改进。当时淘金工人在劳动时，常常要把沉甸甸的矿石样品放进裤袋，沉重的矿石经常会使裤袋线崩断开裂。当地一位名叫雅各布·戴维斯的裁缝经常为淘金工人修补这种被撑破的裤袋。他用黄铜铆钉钉在裤袋上方的两只角上，这样就可以固定住裤袋。同时，他还在裤袋周围镶上了皮革边，这样既美观又实用，有的工人裤子虽没有磨破，但为了美观都去镶边。雅各布就此向李维斯提出了建议，李维斯不但接受了这条建议，还把尚未出厂的工装裤全部加上黄铜铆钉，申请了专利，由此传统的牛仔裤就此定型。

1872 年李维斯在基本定型的牛仔裤基础上申请了牛仔裤的生产专利。如今，世界上牛仔裤虽已出现众多品牌，但李维斯氏牛仔裤在世界 70 多个国家的销售量仍稳居第一。

案例思考：李维斯是如何发现创业机会的？又是如何成功的？

3.1.1 创业机会的基本概念

所谓创业，是在动态竞争前提下的机会驱动过程，是创业者在面对大量的不确定性因素时分析、评估机会并进行有选择的投资决策的行动。简单来说，创业是指创办新的企业或开辟新的事业，实践性是创业的标志。创业就是发现机会，整合资源，从而创造财富。

识别创业机会是创业的起点，也是核心。机会识别是创业的开端，也是创业的前提。可以说机会无时不在，无处不在。

随着世界经济与科技的进步，创新与企业家精神在经济发展中起着日益重要的作用，创业活动作为二者的集中体现，在当今的中国乃至全世界越来越成为经济发展中的强劲推动力。创业家们常说："好的创意是成功的一半。"然而，创意并不等于创业机会，这是因为一个创意可以通过多种方法产生，可以不十分注重其实现的可能性，但一个创业机会却必须是实实在在的，是能够用来作为新创企业的基础的。这是一个相当关键的区别。因而，创业者必须要进行创业机会研究。实际上，创业往往是从发现、把握、利用某个或某些商业机会开始的。所谓创业机会，也称商业机会或市场机会，是指有吸引力的、较为持久的和适时的一种商务活动的空间，并最终表现在能够为消费者或客户创造价值或增加价值的产品或服务之中。识别创业机会是创业成功最重要的第一步，好的创业机会真正是创业成功的一半。

创业与一般管理不同，创业机会的寻找并非一个理性的过程，也并非一个求最大值的过程。

3.1.2 创业机会的来源与时机

创业机会的出现往往是因为环境的变动，市场的不协调或混乱，信息的滞后、领先或缺失，以及各种各样的其他因素的影响。也就是说，在一个自由的企业系统中，当行业和市场中存在变化着的环境、混乱、混沌、矛盾、落后与领先、知识和信息的鸿沟，以及各种各样其他真空时，创业机会就产生了，如技术革新、消费者偏好的变化、法律政策的调整等。

好的创业机会当然是应该可能有最大的潜在创业利润的机会。但是，由于创业机会本质上体现为一种信息不对称，因此，好的机会必须天然或者有目的地使其具有这样的机制——防止被别的创业者仿冒的机制，防止或者延缓信息扩散传递的机制，以延长创业机会的生命周期。

3.1.3 创业机会的发现

创业机会的发现是创业机会识别过程中最重要的一步，它意味着创业者发现存在着的创业机会并使之形成为自己所理解、认识的创业机会。

1. 形成创意

一个企业创业成功开始的关键，可能来源于一个经适当评价的新产品或服务的较完美的创意，而创意往往来源于对市场机会、技术机会和政策机会的感觉和把握，具体来源于顾客、现有企业、企业的分销渠道、政府机构以及企业的研发活动等。

（1）顾客。创业者可以通过正规或非正规的方式，接触有关新产品或服务的创意的最终焦点——潜在顾客，了解顾客的需求或潜在需求，从而形成创意。

（2）现有企业。主要是对市场竞争者的产品和服务进行追踪、分析和评价，找出现有产品存在的缺陷，有针对性地提出改进产品的方法，形成创意，并开发有巨大潜力的新产品，进行创业。

（3）企业的分销渠道。由于分销商是直接面向市场的，他们不仅可以提供顾客所需的产品改进和新产品类型等方面的广泛信息，而且能对全新的产品提出建议并帮助推广新产品。因此，与分销商保持沟通，是形成创意的一条途径。

（4）政府机构。一方面，专利局的文档中蕴含着大量的新产品创意，尽管其专利本身可能对新产品的引进形成法律制约，却可能对其他具有市场潜力的创意带来有益的启发；另一方面，创意可能来源于对政府有关法规的反应。

（5）企业的研发活动。企业本身的研发活动通常装备精良，有能力为企业成功地开发新产品，它是创意的一个很大的来源。

一个创意可以通过多种方法产生，主要有：

（1）根据经验分析。对创业者而言，创意是创建企业的工具，在创建成功企业的过程中少不了它。就这方面而言，经验在审视创意时显得至关重要。有经验的创业者往往在模式和机会还在形成的过程中，就表现出了快速识别和形成创意的能力。

（2）创造性思维。创造性思维在形成创意的过程中是很有价值的，而且在创业的其他方面也是如此。创造性思维可以通过学习和培训等来提升。

（3）激发创造力。激发创造力的方法有很多，如头脑风暴法、自由联想法、灵感激励法等，可以通过这些方法来激发创造力。

（4）依靠团队创造力。当人们组成团队时，往往可以产生单个人不会出现的创造力。而且，通过小组成员集体交换意见所产生的问题解决方案和其他方式相比，或者更好，或者相当。据统计，约47%的创意来源于工作团队的活动（John Case，1989）。

2. 创业机会信息的收集

创业机会信息的收集是使创意变为现实的创业机会的基础工作。首先，根据创意，明确研究的目的或目标。例如，创业者可能会认为他们的产品或服务存在一个市场，但他们不能确信：产品或服务如果以某种形式出现，谁将是顾客。这样，一个目标便是向人们询问他们如何看待该产品或服务，是否愿意购买，并了解有关人口统计的背景资料和消费者个人的态度。当然，还有其他目标，如了解有多少潜在顾客愿意购买该产品或服务，潜在的顾客愿意在哪里购买，以及预期会在哪里听说或了解该产品或服务等。其次，从已有数据或第二手资料中收集信息。这些信息主要来自商贸杂志、图书馆、政府机构、大学或专门的咨询机构以及互联网等。一般可以找到一些关于行业、竞争者、顾客偏好趋向、产品创新等方面的信息。该种信息的获得一般是免费的，或者成本较低，创业者应尽可能利用这些信息。最后，从第一手资料中收集信息。收集第一手资料包括一个数据收集过程，如观察、上网、访谈、集中小组试验以及问卷等。该种信息的获得一般来说成本都比较高，但却能够获得更有意义的信息，可以更好地识别创业机会。

创业难，发掘创业机会更难。一般而言，改进现有商业模式比创造一个全新的商业模式更容易。许多创业者都可以由过去任职公司的经验中发现大量可以立即改进的缺失，包括未被满足的顾客需求、产品品质上的瑕疵、作业程序上的不经济等。事实上，大部分离职创业者以为自己能够做得比原有公司更好，有创业成功的把握。

★知识链接

创业机会的定义：创业机会是指预期能够产生价值的清晰的目的—手段组合。目的是满足顾客的需求，这是价值来源的根本；手段是价值实现的途径。

创业机会的来源：技术变革、社会和人口结构变革、政治和制度变革、产业机构变革。

如何识别创业机会：新眼光调查，通过系统分析发现机会，通过问题分析和顾客建议发现机会，通过创造获得机会。

3.2 项目分类

3.2.1 基于创业初始条件的分类

芝加哥大学教授阿玛尔·毕海德（Amar V. Bhide）曾在哈佛商学院讲授创业课程，为了整理出清晰的授课计划，他带领学生对1996年进入美国 Inc. 500（Inc 杂志评选出的成长速度最快的500家企业）的企业主进行深入访谈，并于2000年出版了专著《新企业的起源与演变》。在该书中，他从不确定性和投资两个维度构建了一个投资、不确定性与利润的动态模型。

毕海德教授强调创业并不单纯指企业家或创业团队创建新的企业，大企业同样有创业行为。在这个模型中，毕海德教授将原创性的创业概括为五种类型，分别是边缘企业创业、冒险型的创业、与风险投资融合的创业、大公司的内部创业、革命性的创业，具体见表3-1。

表3-1 不同创业类型的对比

对比项目	边缘企业创业	冒险型的创业	与风险投资融合的创业	大公司的内部创业	革命性的创业
创业的有利因素	处于竞争对手边缘化地带，竞争风险小	创业的机会成本低、技术进步等因素使得创业机会增多	有竞争力的管理团队，清晰的创业计划	拥有大量的资金，创新绩效直接影响晋升，市场调研能力强，对新产品的研究与开发舍得大量投资	无与伦比的创业计划，财富与创业精神集于一身
创业的不利因素	创业成本高	缺乏信用，难以从外部筹措资金，缺乏技术管理和创业经验	追求短期快速回报，市场机会有限，资源的限制	企业鼓励创新精神，缺乏对不确定性机会的识别和把握能力	大量的资金需求，大量的前期投资
获取资源	可以获取成熟企业的成功经验	固定成本低，竞争不是很激烈	个人的信誉、股票及个人所得激励措施	良好的信誉和承诺，资源提供者的转移成本低	富有野心的创业计划

续表

对比项目	边缘企业创业	冒险型的创业	与风险投资融合的创业	大公司的内部创业	革命性的创业
吸引顾客的途径	低价格或其他促销手段	上门销售和服务，了解顾客的真正需求，全力满足顾客需要	目标市场清晰	信誉、广告宣传、关于质量服务等多方面的承诺	集中全力吸引少数大的顾客
成功的基本因素	作为市场的补缺者出现	企业家及其团队的智慧，面对面的销售技巧	企业家团队的创业计划和专业化管理能力	组织能力，跨部门的协调及团队精神	创业者的超强能力，确保成功的创业计划
创业的特点	关注不确定性程度低，利润空间较低的市场机会	关注不确定性程度高、投资需求少的市场机会	关注不确定性程度低、前景广阔而且发展快速的市场和产品或技术	经评估有丰厚利润、不确定性程度低的市场机会	技术生产经营过程方面实现巨大创新，向顾客提供超额价值的产品和服务

3.2.2　基于价值创造的分类

关于创业的类型，还有一种较有代表性的观点是，克里斯汀（B. Christian）等人依照创业对市场和个人的影响程度，把创业分为四种基本类型，即复制型创业、模仿型创业、安家型创业和冒险型创业。

1. 复制型创业

复制型创业模式是在现有经营模式基础上的简单复制。例如某人原先担任某家电公司部门主管，后来他自行离职，创建了一家与原家电公司相似的新家电公司，且新组建公司的经营风格也基本与离职前的那家公司相同。现实中这种复制型企业的例子特别多，且由于前期生产经营经验的积累而使得新组建公司成功的可能性更高。但这种类型的创业模式中，创新贡献较低，也缺乏创业精神的内涵，并不是创业管理研究的主流。

2. 模仿型创业

模仿型创业虽然也很少给顾客带来新创造的价值，创新的成分并不算太高，但对创业者本身命运的改变还是有较大贡献的。如某煤矿公司的经理辞职后，模仿别人新组建了一家网络公司。相对来说，这种创业具有较大的不确定性，学习过程较长，经营失败的可能性也比较大。不过，如果是那些具备创新精神的创业者，只要能够得到专门化的系统培训，注意把握市场进入契机，创业成功的可能性也比较大。

3. 安家型创业

安家型创业创业者个人命运的改变并不大，所从事的仍旧是原先熟悉的工作，但他的确不断地在为市场创造新的价值，为消费者带来实惠。例如，企业内部的研发小组在开发完成一项新产品后，继续在该公司开发另一种新产品项目。安家型企业所强调的是个人创业精神的最大限度实现，而并不对原有组织结构进行重新设计和调整。

4. 冒险型创业

冒险型创业模式有可能会改变个人的命运，从事一项全新的产品经营，个人前途的不确定性也很大，并且由于是创造新价值的活动，失败的可能性也很大。尽管如此，因为这种创业预期的报酬较高，对那些充满创新精神的人来说仍旧极具诱惑力。但是，它需要创业者较强的个人能力、适当的创业时机、合理的创业方案、科学的创业管理，具备这几个条件才有可能获得成功。

3.2.3 基于创业效果的分类

戴维森（P. Davidsson）基于创业效果在组织层面和社会层面的产出对创业进行了分类。组织层面和社会层面都是负的创业行为属于失败创业，如破产了的污染企业；组织层面为负而社会层面为正的创业行为属于催化剂式创业，如万燕 VCD 的创业，虽然失败，但催化出了中国一个巨大的新兴产业；组织层面为正而社会层面为负的创业行为属于重新分配式创业，如目前国内钢铁行业的低水平的重复建设；组织层面和社会层面都为正的创业行为属于成功创业，如星巴克开创了一个全新的休闲方式，戴尔带来了一种全新的经营模式等，取得了企业、消费者和社会层面等的多赢效果。社会应该赞赏成功的创业，而重新分配式的创业不可避免，同时催化剂式的创业更需鼓励。

3.2.4 基于创业主体的分类

根据创业活动的主体差异，创业活动可以分为个体创业和公司创业。个体创业主要指与原有组织实体不相关的个体或团队的创业行为，而公司创业主要指由已有组织发起的组织的创造、更新与创新活动。虽然在创业本质上，公司创业和个体创业有许多共同点，但是由于起初的资源禀赋不同、组织形态不同、战略目标不同等，在创业的风险承担、成果收获、创业环境、创业成长等方面也有很大的差异。两者的主要差异见表 3-2。

表 3-2　个体创业和公司创业差异一览表

个体创业	公司创业
创业者承担风险	公司承担风险，而不是与个体相关的职业生涯风险
创业者拥有商业概念	公司拥有商业概念，特别是与商业概念有关的知识产权意识
创业者拥有全部或大部分事业	创业者或许拥有公司的权益，也可能只是很小一部分
从理论上而言，对创业者的潜在回报是无限的	在公司内，创业者所能获得的潜在回报是有限的
个体的一次失误可能意味着职业生涯失败	公司具有更多的容错空间，能够吸纳失败
受外部环境波动的影响较大	受外部环境波动的影响较小
创业者具有相对独立性	公司内部的创业者更多受团队的牵制
在过程、试验和方向的改变上具有灵活性	公司内部的规则、程序和官僚体系会阻碍创业者的策略调整
决策迅速	决策周期长
低保障	高保障
缺乏安全网	有一系列安全网
在创业主意上，可以沟通的人少	在创业主意上，可以沟通的人多
至少在初期阶段，存在有限的规模经济和范围经济	能够很快地达到规模经济和范围经济
严重的资源局限性	在各种资源的占有上都有优势

3.3　项目选择

★应用案例

雷军的创业故事

雷军，1969 年出生于湖北，1991 年毕业于武汉大学计算机系。1992 年初加盟金山公司，那时，WPS 刚起步。1996 年 WPS 遭遇微软竞争，但公司决定把 WPS 进行到底。

然而，事实证明金山错过了整个互联网。其把最优秀的人大部分派往 WPS，所有产品都是为了以战养战，挣钱来养 WPS。金山背着一个巨大的包袱在长征，所以其并不是一个很成功的公司。

金山错过了第一波互联网浪潮，不过有一件事情却在日后至关重要。2000 年，雷军牵头了一个金山内部的创业项目——卓越网，四年多后，以 7 500 万美元的价格卖给了亚马逊。这次出售让雷军实现了财务自由，也为其后来的天使投资奠定了资本。

2007 年年底，金山成功上市两个月之后，雷军辞去金山的总裁与 CEO 职务，成为天使投资人，并从大势出发，从更大的视角来观察。很快，雷军找到了自己的“势”——智能手机和移动互联网的大爆发。

2010 年 4 月，小米公司注册成立，第一个产品——移动操作系统 MIUI 在当年 8 月上线。2011 年 8 月 16 日，小米手机 1 正式发布。随后，小米在 2012 年卖出 719 万部手机，2013 年卖出 1 870 万部手机。在此过程中，小米完成四轮融资，估值迅速突破 100 亿美元。如今小米已成为业界的现象级品牌。

案例思考：雷军从金山做各种软件并与卖盗版光盘的商贩比拼，到建立小米，创造商业奇迹，说明了行业选择的重要性。那么，雷军创业选择的是什么行业？

3.3.1　创业项目分类

如何正确地选择创业项目，是每个创业者都要思考的问题。拥有合适的创业项目是创业成功最重要的基础。每一位创业者都要对创业项目的选择报以极其谨慎的态度，要按照自身技能、技术、经验、资金实力等实际情况，对各类项目加以甄选。

不同的项目面对不同的市场客户群体，需要不同的创业资源和不同的技能与经验。因此，项目分类对于自主创业具有更为现实的参考意义。这里初步归纳出了以下几类。

1. 资源类项目

资源类项目要求创业者拥有大多数人不具备的资源。这些资源可以是自然资源，如石油、公用事业专营，也可以是人事关系资源。一般来说，作为自主创业的项目，拥有垄断性自然资源的可能性非常小，拥有人事关系资源的可能性比较大，但必须注意这种资源的非持久性，以及变更可能带来的巨大风险。

2. 制造类项目

适合自主创业的制造类项目大致可以分为三类：

（1）配套制造。此类制造属于某个整机（整体）制造项目的一部分，无须考虑全局，也无须有很好的创新技术，只需把负责加工的零（部）件做到性价比最好。由于环节简单，此类项目不需要复杂的管理流程，但此类制造需要一个良好的外部整体产业环境。

（2）技术制造。此类制造属于拥有自主创新的技术，或者拥有某种技术优势，能够制造出大多数人无法制造的产品或服务。

（3）改良制造。此类制造需要具有创造性思维，需要具有善于捕捉现有产品不足的能力，并通过自己的努力改良原有产品。此类制造一般必须具备能够降低成本或提高利润的能力。

需要注意的是，制造类项目由于需要专业生产工具，产出品也以硬件为主，因此一旦进入，今后受整个产业环境的影响较大，受产业技术进步的影响也较大，业务调整的灵活度较小。

3. 技术创新类项目

技术创新项目涉及范围相当广泛，品种繁多。按国家有关标准分类，技术创新项目主要有四大类。

（1）技术开发类项目。如果选该类项目，就要突出关键技术或者系统集成的创新性，包括技术创新的产品、技术、工艺、材料、设计和生物品种。此类项目对行业技术进步和产业结构有优化升级的作用。对于自主创业者来说，有很多可以选择的项目。

（2）社会公益类项目。如果选该类项目，就要突出关键技术或者系统集成的创新性、有推广的应用价值、社会效益以及对科技发展和社会进步的推动意义。例如，标准、计量、科技信息、科技档案等科学技术基础性工作；环境保护、医疗卫生、自然资源调查和合理利用、自然灾害监测预报和防治等社会公益性科学技术项目。对于自主创业者来说，也可有一定的选择空间。

（3）国家安全类项目。如果选择该类项目，就要突出关键技术或者包括在军队建设、国防科研、国家安全及相关活动中产生，并对推进国防现代化建设、增强国防实力和保障国家安全具有重要意义的科学技术成果。

（4）重大工程类项目。如果选择该类项目，就要突出团结协作、联合攻关、关键技术或者系统集成的创新，包括有良好的经济效益或者社会效益，以及对推动本领域科技发展、经济建设、社会发展和国家安全有战略意义的项目。具体来说，此类项目是指列入国民经济和社会发展计划的重大综合性基本建设工程、科学技术工程和国防工程等。其中，综合性是指需要跨学科、跨专业进行协作研究、联合开发，并对经济建设、社会发展具有战略意义，对国家科技实力、国防实力的整体提高产生重要影响。

在项目选择的过程中，除一般的服务行业外，选择项目最好考虑到行业与技术及其服务的发展趋势。

3.3.2 在市场中寻找创业项目

1. 从熟悉的领域中寻找项目

作为一名创业者，以前可能在别的企业工作过，可以通过分析原来公司运作的情况，找出它的强项与弱项，发现并揭示新的业务机会，创造出新的业务方向甚至新的企业。在熟悉的领域，一定能够发现一些商机。

2. 通过重新确认生意所属的范围来寻找项目

当划分生产经营的门类属性时，有时会发现并没有确认运营中全部潜在的范围。例如，出版社应归属信息生意，肥皂应归属清洗生意，卡车应归属运输生意。将生产经营进行清楚而全面的定义后，可能会发现额外的商机。

一家社区报纸出版商认识到他在从事信息生意，因此便开始出版简报。一家国外的特许会计师公司认识到他们在从事财政控制工具生意，就通过借助（雇用）财政控制员为若干中小企业提供相关服务。这种服务非常成功，很受企业欢迎，并以此方式扩充了原有的常规会计生意。一个“邻居”食品店经理认识到他是在从事方便生意，于是开始提供其他“方便”产品与服务，例如，配送服务、24 小时营业、方便泊车、热式快餐，甚至是用具出租。

3. 利用市场的转换寻找项目

当客户群体在长期的意义上从一类产品转移到另一类产品上时，将能够带来新的市场机会。也就是说，市场转换将创造对新产品和新服务的需求。

一个公司曾经利用从唱片机向录音机市场转换的机会，靠组装录音机磁头清洗带致富。为了利用轿车市场从大型转向小型的机会，国外的一家公司为小型轿车设计并制造了自行车和滑雪板的固定架。一个办公机械修理公司利用由打字机向字处理机的市场转换，开始专攻字处理设备的修理。

4. 借助产业增长趋势寻找项目

当越来越多的人对某产业或活动感兴趣时，就会出现增长趋势。创业者可以利用这种增长趋势，提供与增长产业或活动相关的产品或服务。如利用形体与健身市场增长的趋势，有些公司在别的公司都在热衷于开设形体训练班时，开始生产形体锻炼设备；一家生产美容品的企业利用男性对皮肤保健兴趣的上升，将企业原先针对女性的面霜产品生产扩充到男性产品；有人利用旅游是持续上升的产业专为旅游代理开办了学校，以满足旅游代理人员的需要；越来越多的人对“充电”、成长、发展感兴趣，许多公司和个人提供研讨会、大会、课程、书籍、咨询以及再培训业务来满足市场的需求。

5. 利用市场间隙来寻找项目

当所需要的产品或服务无法获得，或消费者的需求大于目前的供应时，就会出现市场间隙或不足。这对那些进入并提供这些产品或服务的需求者就意味着存在生意机会。

每到夏天，游艇的租赁就会供不应求。一家公司开始建造游艇，并将未售出的游艇租赁出去，旺季过了之后，再把这些租赁过的游艇作为展品降价销售出去，以此作为销售补充计划的一部分。一个宾馆雇员注意到宾馆对床垫维修服务有需求，可是市场上却没有这项服务，因而她迅速与若干家旅馆签订合同并创办了床垫维修业务。

6. 利用社会事件或形势寻找项目

消费产品或服务可以配合某一事件而进行。这些事件包括社会事件、经济变化、业务或产业发展、新法规的颁布等。

某个城市的许多居民非常担心当时的一种流行传染病，一位护士抓住机会，成为一种非常易于使用的自测工具的分销商。

7. 利用被遗弃的市场

利用被遗弃的市场意味着进入被其他公司舍弃的领域，这些公司要么已经变得很庞大，以至于不能或不愿意去处理这些小订单；要么处在技术竞争的前沿，决定不用老技术去服务于市场；要么正在扩张到不同的市场，扩张速度之快使他们没有能力对所有市场都提供合适的服务。

大型航空公司无法承担为小型社区的服务，留给了小型往返运载服务商去经营。爱好者或收藏家要想获得古董汽车、拖拉机、游船以及其他设备的配件是件困难的事，因为通常情况下，原生产制造商已经不再提供这些配件。其他公司有时可以进入这些被遗弃的市场。经过一段牛奶只有纸包装或塑料包装的时期之后，有些奶制品厂又开始提供瓶装牛奶。他们正在服务于一个被遗弃的市场——仍然偏爱瓶装牛奶的人群。

8. 瞄准大市场下的小市场

怀着服务于其中一小块市场的想法，有时可能进入大市场。要注意只有这种情况才能成功——市场如此之大以至于其中一小块市场就能够盈利。

快餐业非常庞大而且仍然在迅速增长。一位创业者在卫星城开了一家以鱼为主的小餐馆，虽然快餐连锁巨头们在此区域也开有连锁店，但他的餐馆仍然非常成功。一个小饮料厂瞄准一小部分特定人群，非常成功，并且没有对饮料业巨头们构成威胁。若干软件公司通过提供特定软件，服务于特定市场，实现了盈利。

9. 扩大市场区域

当区域性生产的产品或生意获得成功时，经常会存在扩大市场地理范围的机会。有时会导致在其他地方开设新的生意。

一个向登山者和滑雪者提供装备的合作企业非常成功，结果他们在另外一个省开设了分店。一家具有独特理念的成功餐馆，将相似的餐馆开遍整个城市并逐步外延，如小土豆、福华等。

★知识链接

行业定义：行业是指从事国民经济中同性质的生产或其他经济社会的经营单位或者个体的组织结构体系，如林业、汽车业、银行业等。

发展规律：行业的发展必然遵循由低级的自然资源掠夺性开采利用和低级的人工劳务输出，逐步向规模经济、科技密集型、金融密集型、人才密集型、知识经济型转变，从输出自然资源，逐步转向输出工业产品、知识产权、高科技人才等。

创业项目可选择的10个行业：食品、饮料、餐饮、手机及周边、计算机、家电、服装、日化、互联网、移动互联网。

课后习题

1. 大家还有其他好的想法吗？请大家进行一个创业项目设计。
2. 简述创业项目的类型。

第4章

创业团队组建

★学习目标

1. 了解创业团队的意义。
2. 了解团队成员的职责。
3. 熟悉团队文化的内容。
4. 掌握团队文化的设计方法。

★导入案例

三兄弟折筷子

古时候，有一位勤劳聪明的农夫，家里有三个儿子。这三个儿子经常为了一点小事吵嘴、打架，平时好吃懒做，除了自己，他们谁也瞧不起，每个人都认为自己最有本事。当两个儿子打架时，另一个儿子不仅不劝架，还在旁边看热闹，家里被他们搞得乱七八糟，日子也越来越艰难。农夫常常摇头叹息道："真是作孽哟，养了三个儿子，不争气，只顾自管自个儿，这样下去日子可怎么过哟!"

农夫曾多次语重心长地劝说他们，尽管他费了口舌，儿子们仍然不听，农夫认为应该用事实来教育他们。

有一天，农夫叫儿子们去拿一捆筷子来。筷子拿来后他先把整捆筷子交给他们，叫他们折断。小儿子先试，他使出吃奶的劲，仍旧没折断，老二笑着说"原来你就这么点力气啊，平时跟我打架的力气哪儿去了?"可是他竭尽了全力也都未将它折断。老大说："你们两个大笨蛋，我来吧。"他无论想尽什么办法，急得脸涨得通红也没折断。

随后农夫解开那捆筷子，给他们每人一根。兄弟三个毫不费力气轻轻一折就把筷子断为两段。

这时农夫意味深长地说："孩子们，你们要像筷子一样，团结一致，齐心协力，你们三兄弟，谁也离不开谁，大家团结起来，就好比一捆筷子，合起来谁也折不断，如果你们都自以为了不起，那就什么本事也没有。”

兄弟三人明白了折筷子的道理，从此团结友爱、互相帮助、共同劳动，日子过得很幸福。

案例思考：通过该案例，你受到什么启示？

4.1 团队组建

当今世界科技迅猛发展、信息爆炸式增长，创业所要求的知识和能力涵盖经济、管理、技术、营销、财务等多个方面，远远不是创业者一己之力能达到的。事实上，无论是在传统的制造业、服务业，还是在现代的高新科技领域，团队创业的企业要比个人创业的企业多得多。为了成功地创办一个企业并使其健康成长，组建一支创业团队至关重要。

4.1.1 创业团队的内涵及其重要性

1. 创业团队的内涵

狭义的创业团队是指有着共同目的、共享创业收益、共担创业风险的一群经营新成立的营利性组织的人，他们提供一种新的产品或服务，为社会提供新增价值。广义的创业团队不仅包含狭义创业团队，还包括与创业过程有关的各种利益相关者，如风险投资商、供应商、专家咨询群体等。

2. 创业团队的重要性

在网络信息爆炸的时代，很多创业者因为行业环境变化得过于迅速，所能获得的市场空间越来越窄，一旦投入创业，他所面对的将是十分严重的同行业对手的竞争和挤压，根本没有时间去调整和学习。在这种创业的大环境中，要提升创业的成功率，最大限度地避开风险，最直接有效的方法就是成立自己的创业团队。

4.1.2 创业团队的优劣势

依据不同逻辑组建创业团队既可能带来优势，也可能带来障碍，对后续创业活动会带来潜在影响。

创业团队的优势：“人是最宝贵的资源”，优秀的创业团队是新创企业的基石，是任何新创企业人力资源的关键组成部分。一流的创业团队能够带来出色的知识、经验、技能和对公司的承诺，团队成员间强烈的和有效的工作关系对任何新创企业来说都是一笔宝贵的财富。

★应用案例

两位史蒂夫分道扬镳

两位史蒂夫——史蒂夫·乔布斯与史蒂夫·沃兹尼亚克曾是老友，在1976年共同创立了苹果电脑。在创办苹果的过程中，沃兹与乔布斯堪称黄金组合，一个搞技术，一个负责市场，在这种组合下，又迎合了个人电脑兴起的第一波浪潮，苹果很快就风生水起了。

乔布斯和沃兹尼亚克是这样一对“兄弟”：其中一人毕生致力于管理公司，用各种手段激发消费者的欲望，创造盈利的神话；而另一人则言谈幽默，爱好技术，对一些小玩意感兴趣，在世界上挖掘趣闻，并乐在其中。沃兹是技术牛人，在苹果公司发展初期，沃兹在公司里的作用很重要。罗伯特·克林利曾在他的著作《偶然帝国》一书中说：“沃兹称得上是苹果公司首席雇员。因为从技术的角度来看，沃兹就是苹果电脑。”但没过多久，两位共同创始人的矛盾就公开化了。

乔布斯创业早期常被批评为脾气坏、顽固、倔强、喜怒无常。他有着近乎摇滚明星的坏脾气，是一个小心眼的微观管理者，让自己的雇员不能不时刻分心提防。乔布斯的任性以及这种以自我为中心的工作作风得罪了太多的人，让他迅速走向危机。1985年，苹果董事会最终投票做出了一个艰难的决定：剥夺了乔布斯在苹果公司的一切公职。

就在这一年，沃兹也离开了苹果。

两位史蒂夫共同成就了一家伟大的公司，但是，两个伟大的人物终究未能一直携手。

案例思考：创业团队要承担什么风险？

创业团队的劣势主要表现在以下几方面：

（1）利益分配争议带来风险。很多中小民营企业的创业团队在发展初期，或者是没有考虑到，或者是碍于面子没有明确提出未来具体的利益分配方案，等到企业规模扩大时就开始为利益怎么分配而争执了。无锡尚德太阳能电力有限公司在创业初始的两年里一直处于亏损状态，后来业务稍有起色，就因为利润分配方案不完善，五个人的创业团队走了四人，只剩下施正荣独立支撑尚德公司，而且离开的四人后来均进入了光伏电池行业，成为尚德的竞争对手。可见，利益分配对于创业团队有着重要影响。

（2）团队成员经营理念不同带来风险。创业之初，在团队成员选择时，难免出现随意性和偶然性；或是在团队中承担某种角色的人才过多，团队成员之间角色和优势重复；或是团队成员的经营理念、处理问题方式不一致，团队思想不统一；或是随着企业的成长，有些成员能力难以适应更大规模、更规范的企业经营管理的需要。这些都会引发各种矛盾，最终导致整个创业团队的散伙。这种情况是非常普遍的，一个典型的例子就是联想的倪光南和柳传志。柳传志是一位有科技背景的企业管理者，而倪光南是一名著名的科学家，他们的分歧是经营理念不一致，柳传志的经营理念是市场导向，而倪光南的经营理念是技术导向，这一根本的分歧导致曾被誉为“中关村最佳拍档”的联想创业组合的分裂。

（3）目标不一致带来风险。在创业初期，创业团队的目标一般并不十分清晰和明确，随着创业的进程以及外界环境的变化，团队成员可能会发现原先确定的目标和现实之间存在差距。此时如果团队成员之间缺乏沟通，意见难以调和，或是个人目标与组织目标出现较大的不一致，甚至有些成员不认可公司的目标和策略，价值观出现冲突，那么团队就面临着解散的风险。

★知识链接

成立团队需要注意的问题：扬长避短，恰当使用；既要讲独立，也要讲合作；志同道合，目标明确；相互补充，相得益彰；目标明确、善定愿景；手握紧箍，以权制人；以情感人，以德化人；摆正位置，坦诚相待，互相尊重对方。

创业机会的来源：技术变革，社会和人口结构变革，政治和制度变革，产业机构变革。

如何识别创业机会：新眼光调查，通过系统分析发现机会，通过问题分析和顾客建议发现机会，通过创造获得机会。

4.1.3 创业团队成员及其职责

1. 创业经理人

（1）创业经理人的定义。创业经理人既要有必需的管理技能和经验，也要有从零开始创建企业所需的一些极强的个人素质和倾向，需要具备创业者与职业经理人的双重素质。

（2）创业经理人的职责。

①设定目标。假如缺少目标，基本就无从管理，所以，经理人务必进行“目标设定”，要进行“有效管理”和“目标管理”。要对员工进行职业化培训，提高员工的职业素养，同时也可以给员工指定职业素养培训课程，让企业员工自行学习。

②任务分派。按个人的优点授予义务，以便义务的达成。

③鼓励与沟通。通过每周、每月、每季、每半年的沟通，并且通过自下而上的有效沟通后，管理者再自上而下地进行帮助与激励，使部属能实现目标，实现任务。

④绩效评估。绩效评估的目标在于懂得自己的长处，并且挖掘机遇，从而使员工的才能得以充分施展，员工的使命得到充足体现。

⑤培养人才（包含经理人本人在内）。

2. 财务总监

（1）财务总监的定义。财务总监即履行所有者财务职能的人员。财务总监不仅要对企业的财务活动的合法性、真实性、有效性等进行监督，而且应对企业会计核算的合规性、真实性、可比性、一致性等进行监督，在行使监督职能时也需行使管理职能。

（2）财务总监的职责。

①建立健全各类财务制度，例如，报销制度、财务总监的岗位职责、财务核算制度、财务预算制度等。

②公司内各类制度的贯彻执行。创业初期，所有的工作均处于一种混乱之中，财务总监首要的一项工作就是贯彻执行各类公司制度，财务总监能否对该员工做出正确、及时、合理的财务奖励及惩罚等，将直接决定着公司所制定制度的执行。

③财务预算。在企业整体目标确定的情况下，财务总监需要同其他部门协作，做好收入类预算、费用类预算等，确定企业现金流入量及现金支出量。在确定企业收入预算及费用预算的基础上，制作企业现金预算以合理安排企业后期运营，同时对企业后期的现金需求状况做出总评价，合理界定维持企业日常运作的现金持有量，并及早做好企业的筹资工作。

④工作计划的制订。财务总监需将公司高层确定的整体目标在各部门中间进行合理分解，下达各部门，同时与各部门进行不间断的沟通，将各类财务指标尽可能合理化，然后反馈回公司高层。高层通过后，在财务总监的领导下，各部门按照确定的各类标准制订各季度、月度、周计划。随之而来的新任务则是定期对各部门的任务完成情况进行考核，根据各

部门任务完成情况采取相应的奖惩措施，督促各部门步调一致地朝企业总体目标发展。

⑤做好销售的督促工作。财务总监在与市场部负责人协商确定市场部的销售任务后，应根据其月度等的销售任务及销售费用的控制额度等的完成程度，及时对其做出考核，在适当的时机，以适当的方式督促其不断向所定的月度目标等靠拢，使公司产品及时售出，资金及时回笼。

⑥人员绩效考核。创业初期，企业对员工的奖励，主要应采取一些短期行为，直接规定某些事如何做会得多少奖励。待企业运作正常后，财务总监再协同人力资源部及其他部门或人员，确定员工长期绩效考核体系，将员工的日常表现与员工的年终奖金及员工的晋升等联系起来，促使员工长期努力工作。

⑦账务核算。企业创建时，财务总监需做好税务筹划工作，选好产品注册类别、公司注册地址，同税务局做充分沟通，充分争取企业应当享受的各类税收优惠政策等，而运营过程中的节税、避税及其他税务筹划问题等更是财务总监所应面对的重要问题。

⑧企业日常的账务处理。依据企业长期运营的原则，合理确定记账所应采取的各类会计标准，同时做好制作凭证、登记账簿、制作各类财务报表等日常工作。

⑨资料的统计工作。正确统计企业所发生的各类费用情况，可便于后期的财务分析及财务控制工作的开展。

3. 产品总监

（1）产品总监的定义。产品总监一般负责一个企业的技术管理体系的建设和维护，制定技术标准和相关流程，带领和激励团队完成任务，实现公司的技术管理和支撑目标，为公司创造价值。一个好的产品总监不仅要具有很强的技术管理能力，同时也要有很强的技术体系建设和团队管理的能力，要对企业所在行业有深入理解，对行业技术发展趋势和管理现状有准确的判断。

（2）产品总监的职责。

①全面负责产品部工作，直接对总经理负责。

②参与公司发展战略和计划的制定，组织制定并实施技术系统规章制度和实施细则。

③加强技术队伍建设和管理，定期进行技术分析和质量分析工作，制定预防和纠正措施。

④制订并组织实施技术系统工作目标和工作计划，组织不合格品的审理工作以及技术、产品的开发与创新。

⑤加强部门合作，提供技术支持。

⑥重要技术工艺设备、计量器具的申购。

⑦负责技术系统文件等资料的整理保管及公司档案管理工作。

⑧对公司机密负有保密责任。

4. 营销总监

（1）营销总监的定义。营销总监在充分理解公司战略意图和产品/服务特征前提下，充分综合企业内部资源，合理利用外部资源，进行市场目标界定和分解、定位分析、制定战略、拟订计划并推进实施，并在实施过程中进行协调、控制、调整和修正，以保证目标的实现。

（2）营销总监的职责。

①组织编制年度营销计划及营销费用、内部利润指标等计划。

②有权向总经理提出营销部、办事处、各营销点的业务经理（主任）、副经理人选。

③组织研究和拟定公司营销、市场开发方面的发展规划。

④组织拟定营销业务管理的各种规定、制度和内部机构设置。

⑤负责组织在编制范围内对所属部门的营销业务人员进行聘用、考核、调配、晋升、惩罚和解聘。

⑥负责核准营销经理、营销人员浮动工资、佣金发放标准。

⑦组织编制并按时向总经理汇报每月营销合同签订、履行情况及指标完成情况。

⑧组织编制并按时向总经理汇报每月资金回收情况、资金需求预测情况。

⑨负责协调营销部门与财务部门、技术部门及其他部门工作的协作关系。

⑩组织对营销业务员建立业绩档案，定期组织对营销人员进行业绩考核和专业培训。

⑪负责研究和拟定营销新项目的开发。

⑫组织收集市场销售信息、新技术产品开发信息、用户的反馈信息。

⑬负责组织、推行、检查和落实营销部门销售统计工作及统计基础核算工作的规范管理工作。

⑭组织开展市场统计分析和预测工作。

5. 运营总监

（1）运营总监的定义。运营总监也称首席运营官。该职位要全面负责公司的市场运作和管理；参与公司整体策划，健全公司各项制度，完善公司的运营管理；推动公司的销售业务，推广公司产品，组织完成公司整体业务计划；建立公司内部信息系统，推进公司财务、行政、人力资源的管理；负责协调各部门工作，建立有效的团队协作机制；维持并开拓各方面的外部关系；管理并激励所属部门的工作绩效。

（2）运营总监的职责。

①对公司的生产经营有计划权、建议权、否决权、调度权。

②对下属各职能部门完成任务的情况有考核权。

③对下属各职能部门经理的工作有指导权和考核权。

④对总经理决策有建议权。

⑤对公司年度生产经营计划的完成负组织与协调责任。

⑥对公司中、长期发展规划负组织、推动、执行责任。

⑦因调研信息严重失真，影响公司重大决策，给公司造成损失，应负相应的经济责任和行政责任。

4.1.4 组建创业团队的策略

★应用案例

马化腾五兄弟，难得的创业团队

从当年5条电话线和8台计算机所组成的局域网，到今天为4亿注册用户提供基于QQ的各种通信服务、全球市值名列第三位的创新型互联网企业；从当初5个人的创业团队、5万元创业起步，到2004年6月上市后的8.98亿港元；从14年前10多平方米的一间办公室，到今天高度190多米、建筑面积8.8万平方米的腾讯大厦，腾讯董事局主席兼CEO（首席执行官）马化腾始终把自己与QQ联系在一起。腾讯公司2010年实现收入196.46亿元，同比增长57.9%，实现净利润80.54亿元，同比增长56.2%。

腾讯创造出如此奇迹，靠的是团队。

1998年的秋天，马化腾与他的同学张志东“合资”注册了深圳腾讯计算机系统有限公司。之后又吸纳了三位股东：曾李青、许晨晔、陈一丹。这5个创始人的QQ号，据说是从10001到10005。为避免彼此争夺权力，马化腾在创立腾讯之初就和四个伙伴约定清楚：各展所长，各管一摊。马化腾是CEO，张志东是CTO（首席技术官），曾李青是COO（首席运营官），许晨晔是CIO（首席信息官），陈一丹是CAO（首席行政官）。

之所以将创业5兄弟称之为“难得”，是因为直到2005年的时候，这5个人的创始团队还基本保持这样的合作阵形，不离不弃。直到腾讯做到如今的帝国局面，其中4个还在公司一线，只有COO曾李青挂着终身顾问的虚职而退休。

在企业迅速壮大的过程中，要保持创始人团队的稳定合作尤其不容易。在这个背后，工程师出身的马化腾从一开始对于团队合作的理性设计功不可没。

从股份构成上来看，5个人一共凑了50万元，其中马化腾出资23.75万元，占了47.5%的股份；张志东出了10万元，占20%；曾李青出了6.25万元，占12.5%的股份；其他两人各出5万元，各占10%的股份。

虽然主要资金是由马化腾所出，他却自愿把所占的股份降到了一半以下，占47.5%。“要他们的总和比我多一点点，不要形成一种垄断、独裁的局面。”而同时，他自己又一定要出主要的资金，占大股。“如果没有一个主心骨，股份大家平分，到时候也肯定会出问题，同样完蛋。”

保持稳定的另一个关键因素，就在于搭档之间的“合理组合”。

据《中国互联网史》作者林军回忆，“马化腾非常聪明，但非常固执，注重用户体验，愿意从普通用户的角度去看产品。张志东是脑袋非常活跃、对技术很沉迷的一个人。马化腾技术上也非常好，但是他的长处是能够把很多事情简单化，而张志东更多是把一个事情做得完美化”。

许晨晔和马化腾、张志东同为深圳大学计算机系的同学，他是一个非常随和而有自己的观点，但不轻易表达的人，是有名的“好好先生”，而陈一丹是马化腾在深圳中学时的同学，后来也就读深圳大学，他十分严谨，同时又是一个非常张扬的人，他能在不同的状态下激起大军的激情。

如果说其他几位合作者都只是“搭档级人物”的话，只有曾李青是腾讯5个创始人中最好玩、最开放、最具激情和感召力的，与温和的马化腾、爱好技术的张志东相比，他是另一种类型。其大开大合的性格，也比马化腾更具攻击性，更像拿主意的人。不过或许正是这一点，导致了他最早脱离了团队，单独创业。

后来，马化腾在接受多家媒体的联合采访时承认，他最开始也考虑过和张志东、曾李青三个人均分股份的方法，但最后还是采取了5人创业团队，根据分工占据不同的股份结构的策略。即便是后来有人想加钱、占更多的股份，马化腾也说不行，“根据我对你能力的判断，你不适合拿更多的股份”。因为在马化腾看来，未来的潜力要和占有的股份匹配，不匹配就要出问题。如果拿大股的不干事，干事的股份又少，矛盾就会发生。

当然，经过几次稀释，最后他们上市所持有的股份比例只有当初的1/3。但即便是这样，他们每个人的身家都还是达到了数十亿元人民币，是一个皆大欢喜的结局。

可以说，在中国的民营企业中，能够像马化腾这样，既包容又拉拢，选择性格不同、各有特长的人组成一个创业团队，并在成功开拓局面后还能依旧保持着长期默契合作，是很少见的。而马化腾的成功之处，就在于其从一开始就很好地设计了创业团队的责、权、利。能力越大，责任越大，权力越大，收益也就越大。

案例思考：从本案例中，你得到了什么组建团队的启示？

1. 相似性与互补性

“物以类聚，人以群分。”创业者往往倾向于欣赏和选择那些在背景、教育、经历、志趣上与自己非常相似的人。然而，“相似性”即同质性倾向存在着严重的弊病，最为突出的一点是冗余问题。相似的人越多，他们的知识、经验、技能和欲望重叠的程度就越大，内耗随之增加，创业之路愈加艰险。因此，组建创业团队的第一原则就是建立优势互补的团队。

当创业团队的所有成员在各重要方面都高度相似时，成功不太可能出现。理想的状况是，如果一个团队成员所缺少的东西可以由另一个或者更多的其他成员提供，那么，整体的确大于各部分之和，因为团队能够整合人们的知识和专长。因此，在很多情况下强调创业团队的互补性、异质性可能是更好的策略，因为团队成员在知识、技术、经验和社会资本方面存在的异质性和高度互补性，能提供给新企业多样化、丰富的人力资源基础。

美国北卡罗来纳大学的迈克尔·恩斯利（1999）教授对美国500强企业的实证研究也表明，在动荡的环境下，创业团队的异质性能够发挥积极的作用，或者说，动荡的环境需要创业团队具有异质性特征。不过，实践中也存在相反的例子。例如，经历相同、趣味相投而并非技能互补的微软的比尔·盖茨和童年伙伴保罗·艾伦，惠普的戴维·帕卡德和大学同学比尔·休利特，创业后团队合作良好、业绩惊人。三一重工的梁稳根、袁金华、毛中吾、唐修国是同事，也是好兄弟，四人辞职创业那年，曾在一个山头上焚香、磕头，刺破中指写下誓书：“今生今世，肝胆相照，患难与共，誓为民族工业的振兴而奋斗……”他们的共同奋斗成就了今天中国重工业的脊梁。相反，知识、技能互补，堪称“黄金搭档”的苹果乔布斯与沃兹、联想的倪光南和柳传志却最终分道扬镳。

2. 理性分析与意气相投

创业之初，创业者往往会理性分析创业所缺乏的必要资源和能力，将组建创业团队视为弥补资源和能力空缺的手段，目的是整合优质资源助推创业成功，形成互补型为主的创业团队。很多创业团队是由兄弟姐妹、儿时的玩伴、同学或无话不谈的朋友组成，他们并未考虑资源互补，而是基于共同的兴趣和理想、相似的经历与背景，志同道合、意气相投，走到一起。除了微软的盖茨和艾伦、惠普的帕卡德和休利特、苹果的乔布斯与沃兹外，中国希望集团刘氏四兄弟、腾讯的“四大金刚”都是中学和大学的同学，温州的南存辉和胡成中则从小学到中学都是一个班的同学，如此等等。

一般而论，遵循理性分析组建的创业团队平均规模更大，团队成员之间因强调技能互补而异质性更强，但由于彼此之间熟悉程度较低，沟通和交流需要更加谨慎；而志同道合组建的创业团队，强调物以类聚，更具同质性，由于彼此熟悉了解，沟通和交流起来会更加顺畅。

4.1.5 创业团队的管理技巧和策略

1. 创业团队管理的特殊之处

创业团队的管理不同于工作团队的管理。对于大多数企业内的工作团队来说，如研发团队、销售团队和项目团队等，因为人员和岗位稳定性相对较高，人们习惯性地将重点放在过程管理上，注重通过建立沟通机制、决策机制、互动机制和激励机制等发挥集体智慧，实现优势互补，提升绩效。但对创业团队管理而言，正好相反：创业团队重点在于结构管理，而不是过程管理。

首先，创业团队管理是缺乏组织规范条件下的团队管理。在创业初期，创业团队还没有建立起规范的决策流程、分工体系和组织规范，“人治”味道相当浓厚，处理决策分歧显得尤为困难。此时，团队成员之间的认同和信任尤其重要，但又很难在短期建立起来。因此，认同和信任关系取决于创业团队的初始结构。

其次，创业团队管理是缺乏短期激励手段的团队管理。成熟企业内的工作团队可以凭借雄厚的资源基础，借助月度工作考核等手段，在短期实现成员投入与回报的动态平衡。相比之下，创业初期需要团队在时间、精力和资金等资源的高强度投入，但这些投入短期无法实现期待的激励和回报。成功不可能一蹴而就的时候，就需要找到能适应这种状况的合伙人。

最后，创业团队管理是以协同学习为核心的团队管理。成熟企业内工作团队的学习以组织知识和记忆为依托，成员之间共享着相似的知识基础。但是创业过程充满不确定性，需要不断试错和验证，同时在此基础上创造并存储、组织知识和记忆。创业团队的协同学习，建立在团队成员之间在创业之前形成的共同知识和观念基础上，这仍旧取决于创业团队的初始结构。

核心创业者对于团队成员的选择，决定了创业团队管理的基础架构，这是实现有效的创业团队管理的重要前提。

2. 创业团队的三维结构

创业团队可以从三方面入手来实施结构管理，三方面分别是知识结构、情感结构和动机结构。知识结构反映的是创业团队成功创业的能力素质；情感结构是创业团队维持凝聚力的重要保障；动机结构则是创业团队实现理念和价值观认同的关键因素。

（1）知识结构管理。知识结构管理的核心，是建立以创业任务为核心的知识和技能互补性，强调创业团队有完备的能力来完成创业相关任务。

在新东方的创业团队中，徐小平曾是俞敏洪在北大时的老师，王强、包凡一同是俞敏洪北京大学西语系 80 级的同班同学，王强是班长，包凡一是大学时代睡在俞敏洪上铺的兄弟。这些人个个都是能人。所以，新东方最初的创业成员，个个都是“孙悟空”，每个人都很有才华，而个性却都很独立。俞敏洪曾坦言：论学问，王强出自书香门第，家里藏书超过 5 万册；论思想，包凡一擅长冷笑话；论特长，徐小平梦想用他沙哑的嗓音做校园民谣，他们都比我厉害。

俞敏洪敢于选择这帮牛人作为创业伙伴，并且真的在一起做成了大事，成就了一个新东方传奇，从这一点来说，他是一个成功的创业团队领导者。他知道新东方人多是性情中人，从来不掩饰自己的情绪，也不愿迎合他人的想法，打交道都是直来直去，有话直说。因此，新东方形成了一种批判和宽容相结合的文化氛围，批判使新东方人敢于互相指责，纠正错误；宽容使新东方人在批判之后能够互相谅解，互相合作。这就是新东方人的特点：大家不记仇，不记恨，只计较到底谁对谁错谁公正。

在新东方案例中，新东方的五个主要创始人在很多方面有互补之处：俞敏洪温厚，王强爽直，徐小平激情，杜子华洒脱，包凡一稳重，五个人的鲜明个性让新东方总是处在一种不甘平庸的氛围当中。知识和技能互补性是创业团队实现有效分工的重要依据，取长而非补短是重要原则。

（2）情感结构管理。情感结构管理的重点是注重年龄、学历等不可控因素的适度差异。中国文化注重层级和面子关系，如果创业团队之间年龄和学历因素差距过大，成员之间在混沌状态下发生冲突和争辩，很容易导致彼此感觉丢面子而演变为情感冲突。一旦出现这种情况，创业团队将不得不把时间和精力浪费于沟通方式设计和内部矛盾化解，内耗大于建设，不利于创业成功。为什么俞敏洪能将分歧和冲突转变为正面决策？除了师生、同学关系之外，相似的经历和背景也是非常重要的原因。新东方的五个创始人均来自北大，共同沐浴着北大精神的自由文化和人文环境，相似的年龄和学历背景是俞敏洪敢用“孙悟空”，而且用多个“孙悟空”的前提条件，这是新东方成功的关键因素之一。

（3）动机结构管理。动机结构管理的关键在于注重创业团队成员理念和价值观的相似性。如果创业团队成员之间价值观不同，想做事业的成员可能不会过分关注短期收益，而怀揣赚钱动机的成员则不会认同忽视短期收益的做法。相似的理念和价值观有助于创业团队保持愿景和方向的一致，有助于创业团队克服创业挑战而逐步成功。

值得一提的是，创业团队的结构管理是兼顾三方面结构要素的平衡过程，短板效应非常明显。但是现实中，人们往往过分重视知识结构的互补性，而对于情感结构管理和动机结构管理的重视程度不够，因此引发的问题往往会随时间而强化，一旦创业出现困难和障碍，往往会转变为创业团队的内耗和冲突。

3. 结构与过程互动

建立促进合作和学习的决策机制是发挥创业团队结构优势，进而成功创业的重要途径。正如新东方案例，创业事业能否继续下去，在很大程度上取决于核心团队成员能够看到其他人的长处，不断相互学习。具体而言，创业团队的互动过程建设应遵循的原则是：

建设合作式冲突的氛围和文化。创业团队成员间一定会有冲突，关键在于创业团队遵循一致目标，鼓励看到对方观点和建议的长处和价值，不要认为对方在挑战自己的权威。合作式冲突的氛围和文化往往能够充分调动每个人的潜能和专长，形成相对有效的决策方案和机制。

避免竞争式冲突。所谓竞争式冲突，即创业团队成员之间观点争论并不是为了达成某种共识，而是固执地认为自己的观点正确，听不进去其他成员的观点。

创业过程既需要充分吸收多样性观点，又需要保证快速做出决策。听取成员观点并不意味着依从，关键在于整合。这需要营造成员充分发表看法和观点的开放性机制，同时又需要快速形成决策结果的集中性机制。正如案例中所指出的，新东方合伙人之间的深厚情感，成为新东方有效应对创业挑战、观点分歧和利益分配的重要基础。但通过股权分配又保证团队领导者与决策权的统一，既保证了统一领导，又发挥了公司中民主决策的优势。

4.2　团队文化设计

★知识链接

用友公司团队文化：为梦想奋斗；做客户信赖的长期合作伙伴；专业化生存。

松下电器团队文化：强化企业命运共同体建设；将普通人培训为有才能的人；注重不断丰富企业文化的内容，使员工保持新鲜感。

海尔集团团队文化：海尔理念——海尔只有创业没有守业；海尔精神——敬业报国，追求卓越；海尔作风——迅速反应，马上行动。

BP团队文化：绿色环保，敢为人先；勇于创新，提供突破性的解决方案；业绩为本，树立全球统一的标准；锐意进取，始终寻求更新更好的方法。

4.2.1　团队文化设计的定义

团队文化是团队在发展的过程中所形成的工作方式、思维习惯和行为准则。高效团队来自统一的团队文化，团队文化一旦形成，便会强烈地支配着团队成员的思想和行为。

团队文化是由团队价值观、团队氛围、团队效率等要素综合在一起而形成的。

1. 团队价值观

团队价值观就是团队成员共同认可的一种集体意识，是团队成员共同价值观和理想信念的体现，是凝聚团队、推动团队发展的精神力量。团队价值观是员工思想与心态的高度整合，是员工在行动上的默契与互补，是员工之间的互相宽容与理解。

2. 团队氛围

团队的管理作风、自主的工作环境和富有挑战性的工作，使成员之间相互信任，能够坦诚、开放、平等地沟通与交流，人际关系和谐，成员身心愉快，参与愿望强烈，工作中充满了热情与活力。团队发展过程中经常碰到困难与挫折，但高级团队能够使团队成员愉悦相处并享受作为团队一员的乐趣，团队里不乏幽默的氛围，团队内部士气高昂，团队成员不畏艰难，不畏挫折，时刻保持旺盛的斗志。团队在文化氛围上既强调团队精神，又鼓励自我完善与发展，杜绝过于强调团队精神而压倒个性的文化倾向，由此激发个人的积极性、主动性、创造性。

3. 团队效率

团队成员不断提高自己的能力、素质与觉悟，整个团队弥漫着终身学习的氛围。团队目标统一，分工明确，权责分明，办事积极果断。团队不墨守成规，经常能创造性地解决问题，并且有着很好地对变化实行检测的预警系统与习惯，能对技术的变迁做出迅速反应，对价值观的变化做出调整。平等的氛围使成员畅所欲言，能够从不同角度提出不同的意见和方案，使决策科学、合理。团队内部以及团队与组织其他部门之间可建立密切的联系，信息沟通畅快，决策效率提高。

4.2.2 团队文化管理的三个原则

1. 目标一致

目标即方向，方向决定未来。奋斗方向统一，团队的合力才会与日俱增。在物理学中，合力的大小，不仅取决于各分力的大小，而且取决于各分力的方向。固然，各分力的大小虽不变，但用力方向不一致，合力就不可能达到峰值，甚至会等于零。

2. 和衷共济

俗话说，和衷共济，则飞黄腾达。“衷”者，内心也；“和衷”，即同心同德；“共济”，此乃共同渡过江河也。那么，“和衷共济”，就是说大家一条心，共同克服困难，这是自古以来人们一直追求的境界。

3. 合力制胜

合则盛，分则衰。合者势大，分者力弱。这正如古人所说的“众人同心，其利断金”。在组织里面，要发挥各种优势，必须讲究合力。如果成员之间没有合力，即使都很努力，但团队也很难发挥最大的效能。

4.2.3 团队文化设计的意义

团队文化对于客户经理团队具有重要意义。文化管理是企业管理的最高境界，现代企业最高层次的竞争是文化竞争。文化作为一种无形资产，同时更是一种潜在投资，可见企业文化对于一个服务团队的正常运行产生着极其重要的作用。

一个企业最高层次的竞争是企业文化的竞争。互相信任、互相尊重，拥有共同的价值观和目标的员工，总会想方设法去取悦顾客，促进企业核心竞争力的提升。在客户经理服务团队的各项设计中，团队企业文化设计显然是重中之重。

由此可见，塑造文化对高效服务团队的益处显而易见。通过对团队文化的总结、提炼，可形成一套共享的价值标准，形成团队成员之间沟通的“共同语言”和“准则”，有利于降低沟通成本，提高工作效率；同时，优秀的文化造就敬业的员工，敬业的员工带来满意的客户，满意的客户形成忠诚的品牌。

4.2.4 如何设计企业团队文化

1. 要有明确的企业愿景、使命、价值观及具体的服务战略和目标

企业的愿景、使命、价值观及战略是企业文化的内核，企业的愿景、使命有着强大的拉力，文化又为企业战略的优化提供持续的内在动力。企业如果没有明确的愿景规划和战略目标，只是走一步算一步，那么就无法形成企业核心驱动力。团队的运作也是如此，如果团队的成员不知道自己应该去做什么，应该怎么做才好，这将在一定程度上限制团队能力的发挥。没有一致的目标，企业或团队就没有凝聚力和向心力，也就无法发挥出团队的最大

效能。

2. 团队内部要有形成文字并且落实到实际工作中的整套规章、制度及流程

目前客户经理团队常见的问题是缺乏完善的制度体系及制度没法得到有效的落实。如果客户经理团队还没有形成一套行之有效的绩效管理制度，就无法衡量团队中各个客户经理的工作业绩，而无法衡量就无法考核，更无法去把握整个过程的进展，就无法进行针对性的指导和推进，所以也就无法管理，这恐怕是客户经理团队运行不佳的主因。

3. 客户经理团队内部要通过日常的管理活动来推进文化的实施

企业文化不应该只是表现在企业的宣传口号、制度的制定及流程设计当中，也必须落实并体现在一些具体的日常工作当中，比如，是否可以将企业的文化同企业具体的人员招聘结合起来。企业进行招聘时，往往存在新员工对于企业的文化理念和具体工作流程不满意而离开，那么企业在具体的人员招聘中，是否考虑了应聘人员的性格特质能否与企业文化相适应，是否在新人入职的时候对其进行过系统的企业文化的培训，是否在针对人员的考核当中引入企业文化的要素。这一点在客服团队的人员离职管理方面非常重要，通过与员工的沟通，了解其离职的动因，以便及时调整招聘策略，筛选出适合公司文化并具备一定技能要求的人员。

4. 有目的地在团队内部促进企业文化的推广与发展

当前很多的企业服务部门都设立了相关服务的标识及宣传渠道，如宣传栏、读书俱乐部、相关的竞赛及文体活动等，在这些宣传栏内，通过对优秀服务人员的表彰和宣传，树立榜样，促进了解和沟通等。另外，可以通过整体的着装、干净整洁的办公环境等外在的物质形象来体现出团队的氛围和文化。而一些服务团队，如电话订货员服务团队的设计就很注重这方面的考虑，从踏入电话订货服务中心的第一步到离开，从宣传栏到表扬栏、从环境到着装，无时不在感受团队文化的魅力。

5. 培养并任命高效的市场经理

客户经理服务团队文化的形成，市场经理个人的管理行为及风格往往会起到十分重要而又微妙的作用。如果服务团队缺少团队文化，那么市场经理就会面临着角色定位不清、工作缺乏热情、责任感减弱、观念跟不上、缺乏必要的敬业精神等问题。

6. 对团队员工的培训

作为一个集体，员工的组成、知识结构、工作经验都参差不齐，这就需要对员工开展一些相应的培训。需要通过专业的培训让其了解相关的产品知识，安排有经验的员工对他们进行“传、帮、带”。一些工作技巧以及谈话技巧在每月的例会中都应该重点提出来让大家相互交流、相互学习。

7. 团队员工之间的沟通、交流与合作

鼓励员工之间经常相互联系、沟通信息，特别是同一市场的销售人员之间更应该经常交流，了解相互之间的处事方式，因为每一个员工代表的都是企业的形象，不能因为个人的处事方式而影响到公司的整体形象。例如，有个别地区由于业务员之间的竞争导致了相互之间的猜忌，那么就要通过找当事人谈话、重新规划市场发展构架、统一政策尺度和对外口径等协调，让他们之间相互配合，不再像以前一样总产生摩擦，这样业务工作才能做得非常出色。

课后习题

1. 创业团队组建的关键影响因素是什么？
2. 团队不同成员的职责是什么？
3. 企业文化建设的内涵是什么？

第5章

创业项目分析

★学习目标

1. 熟悉创业项目的分析方法。
2. 掌握 PEST 分析方法。
3. 掌握波特五力分析方法。
4. 掌握 SWOT 分析方法。

★导入案例

保健品行业 PEST 分析

从政治法律角度看，政府主管部门的更迭带来保健品行业新变化。据有关部门抽查显示，85%以上的所谓“保健食品”，要么没有监管部门的生产批准文号，要么就是套用食品、化妆品的批准文号违法生产的。80%以上标榜具有治疗性功能障碍和具有降压、降糖、减肥作用的所谓“保健品”，都违法掺有“伟哥”和降压、降糖、减肥的药品成分。保健食品法律、法规尚不健全，一直困扰着相关生产企业和消费者。中国保健协会表示，继《食品安全法》之后，政府相关部门联手协会正在积极开展促进行业发展的调研，《保健食品监督管理条例》《保健食品注册管理办法》《保健食品原料安全标准》等一系列重要的法规文件将陆续出台。由于保健食品法律、法规尚不健全，严厉打击违法生产销售行为缺少法律依据。2009 年 6 月 1 日生效的《食品安全法》称“国家对声称具有特定保健功能的食品实行严格监管，具体管理办法由国务院规定”。随后《食品安全法实施条例》进一步明确了食品药品监督管理部门负责对保健食品实行严格监管。依据法律规定，国务院责成有关部门围绕保健食品的定义、品种管理、生产经营以及广告监管等问题，展开了紧锣密鼓的调查研究，并对《保健食品监督管理条例（送审稿)》公开征求意见，已收集到来自社会各界多达万条的意见。保健食品广告是监管的重心，政府将出重拳规范保健食品广告。《保健食品监督管理条例》出台后，《保健食品广告审查发布管理办法》也会取代2005 年的《保健食品广告审查暂行规定》，成为一部保健食品监管的重要法规。这部法规不仅完善了广告审批与发布管理的原则与程序，其最大的进步是给予了监管部门更明确的职责与权限，以此规范保健食品市场。

从经济角度看，市场竞争日益激烈，这么多年来国内保健品市场上中小型企业众多，缺少行业龙头企业，从业人员素质参差不齐，市场竞争无序。保健品巨大的市场潜力和高额利润水平吸引了传统食品巨头纷纷进入。继娃哈哈集团表示要将战略阵地由传统食品调整为保健食品领域后，光明集团也宣布，将与美国保健品零售企业健安喜成立合资企业共同进军中国保健品市场。随着大型食品企业以及国外高端保健品品牌进入中国，将加剧这一行业的竞争，有望迫使一些价格虚高的保健产品降价。加上国内行业的竞争，市场营销模式也有进一步变化。一是产品开始两极分化。因为竞争日益激烈，保健品呈现出明显的两极分化趋势：以功能诉求为主的产品，多用疗程、买赠促销等刺激消费者购买，这类产品价格越来越高；以营养补充为诉求的机能性食品或滋补品，价格越来越低，有成为日用品保健品的趋势。二是渠道细分、直销比例增大。受传统渠道费用高涨、竞争趋向白热化的压力，保健品厂商积极探索渠道多样化，传统的“药店＋商超”的销售渠道快速分化，保健品连锁专卖店、厂家直销店、店中店、传销、电话销售、会务销售、展会销售直至网络销售等多种渠道形式正在加速形成。受渠道多样化的影响，保健品销售额中直销比例日益增大。以上海市场为例，投放广告、进入常规渠道的功能性食品，相当部分销量同样依靠直销。三是传播方式日益直接化。由于传统媒体效果弱化、价格日益提高，保健品厂商传播产品信息的方法正日益扁平化，直接掌握消费者资料，定期针对固定消费群体进行传播，已经成了传播的重要手段之一。

从社会的角度看，保健品市场前景可观。伴随我国社会进步和经济发展，保健业已经迅速成为一个独立的产业。社会生活的变化促进了保健业的强劲势头。首先，我国城乡的恩格尔系数分别为5.9%和5.3%，处于温饱向小康的过渡阶段，东南沿海一些大中城市和地区已达到了中等收入国家水平，人们的消费观念、健康观念发生了较大变化，促使城乡保健品消费支出以每年15%～30%的速度快速增长。其次，人民生活方式的改变，是保健品产业发展的重要基础。随着社会竞争愈演愈烈、生活工作节奏不断加快，其给人们生理和心理机能带来巨大冲击，处于亚健康状态的人群不断扩大。为规避亚健康带来的各种不利影响，人们求助于保健品，使保健品的开发和生产成为经济生活中的“热点”。第三，多层次的社会生活需要，为保健品产业的发展提供了广阔空间。除了在家庭和事业双重压力下的中年人逐步加入保健品消费行列之外，老年人、青少年也是保健品消费的主力军。据有关资料显示，欧美国家的消费者平均用于保健品方面的花费占其总支出的25%以上，而我国只有0.07%。这表明，保健品市场潜力巨大，以目前全球保健品占整个食品销售的5%来推算，我国保健品消费还将大幅增长。

从技术角度看，保健品行业研发、生产和销售发生了全新变化。WTO（世界贸易组织）给中国保健品企业带来了世界级的竞争对手和日益加剧的市场竞争，所有从事保健品生产的中国企业都应该清醒地认识到，未来保健品竞争的核心必将是科技含量的竞争，加强科技投入迫在眉睫。特别是已经有一定经济实力的企业更要重视保健品的应用基础研究，努力提高新产品的科技含量和质量水平，使保健品企业向高新技术企业过渡。只有保健品企业不断更新技术和提高技术含量，开发出效果好、质量高、有特点的第三代保健品，使产品从低层次的价格战、广告战中走出来，转向高层次的技术战、服务战，才能缔造出我国的保健品世界品牌，才有能力进军国际市场。电子信息技术的发展，也使电子商务成为销售的重要渠道。各销售商都抓住了电子商务这一有力武器，做销售网站，拓宽销售面，丰富产品种类。可以通过投入设备和资金，开设购物网站的形式来发展更多的消费人群，同时也可以利用网络这一先进技术进一步宣传产品，以及实践让消费者先试后买、买什么都满意的先进销售理念。

案例思考：如何运用 PEST 分析方法分析自己的项目？

5.1 创业项目的宏观市场环境分析

对于创业型企业选择的创业项目来说，对外部环境的分析尤为重要。由于创业型企业多为中小型企业，资本规模小，抗风险能力弱，因此，在选择和考察创业项目的时候，要深入分析企业所处的宏观市场环境，好好地把握，以制定相应的策略。

宏观市场环境包括人口环境、经济环境、自然环境、技术环境、政治和法律环境以及社会和文化环境。

5.1.1 人口环境

市场＝人口＋购买欲望＋购买力，也就是说，“市场”是由那些有购买欲望并有购买力的人构成的。我们会用人口的规模和构成来估计市场规模和需求量的大小。创业者需要特别关注那些需要或可能需要本企业产品的人群，详细了解他们的情况。

5.1.2 经济环境

消费者的购买力水平是决定市场规模的重要因素。购买力水平受居民收入、储蓄倾向、可获信贷和物价水平等诸多因素的影响。

5.1.3 自然环境

自然环境分析包括两个方面：一是周围的自然环境及资源是否符合创业项目所处行业所需要的生产条件；二是创业项目和企业是否能够与自然环境协调发展。在可持续发展理念影响下，绿色产业、绿色产品蓬勃兴起，破坏环境和资源的经营行为必将受到社会公众的排斥和政府管制。

5.1.4 技术环境

要辨识和选择合适的技术环境，发现其中的机会和威胁，同时根据技术环境的变化调整生产和研发方案，不断适应其发展。

5.1.5 政治和法律环境

创业企业特别需要稳定的政治环境和法律环境，经营业务的发展需要有稳定的政治环境作为保障；创业企业也需要有一个宽松的法律环境，评估创业项目存在的法律风险。

5.1.6 社会和文化环境

人类长时间在某种社会中生活，形成了特定的文化，包括价值观念、道德规范及世代相传的风俗习惯等。社会文化环境影响着消费者的购买态度和购买方式，对创业企业营销策略的制定产生着较大的影响。

5.2 创业项目吸引力分析

★应用案例

大型超市零售案例分析

一、供应商的议价能力

根据调查发现，发达国家的超市产业在与生产企业的讨价还价过程中的主导地位越来越明显。在我国，也出现了类似的发展趋势。随着市场经济的发展，我国超市作为生产企业产品的主流营销平台的地位越来越凸显。

因此，我们认为，目前我国超市产业对生产企业产品的营销情况已经可以影响到生产企业的生存，因此，供应商的讨价还价能力，趋于一个较为低下的稳定水平，很难给我国的超市产业带来成本及利润上的较大损失与变动。从全行业健康发展的长远角度来看，超市产业与生产企业之间更应该建立的是一种长期合作共赢的关系，从而提升全社会经济水平的目的。

二、购买者的议价能力

虽然我国人口基数较大，但由于超市产业多集聚在较发达的大中型城市，且超市数量越来越多，在商品供应量充足的前提下，购买者对超市产业的影响力越来越大，这迫使我国超市产业不约而同地采用了“低价格、低成本、高质量服务”的“一高两低”营销策略。

因此，目前我国超市产业在购买者讨价还价力量的影响下，很难获得大额利润。购买者讨价还价的力量俨然已经成为影响超市产业成长发展的关键所在。

三、新进入者的威胁

虽然政府很少对超市行业进行限制，但超市行业的大规模竞争门槛比较高。高成本、高前期投入是行业新进入者的主要限制。在目前我国超市行业整体发展较为健康稳定的大环境下，这种限制门槛的地位应当得到更多的重视，必要时可以进行进一步的强化。

四、替代品的威胁

目前来看，在我国新出现的零售业业态中，超市行业最有可能的替代者应当是以网上交易为代表的电子商务产业。超市行业应当积极应对这一变革，但由于人们对电子商务的接受能力不一，所以短时间内行业的主流不会发生太大的变革，超市行业仍在零售业内占据主流地位。

五、行业现有竞争状况

在我国的超市行业中，行业的竞争者众多，行业内的竞争已经成为跨地区、跨经营范围的立体化良性竞争。其中，外资超市在行业中占据着重要地位，家乐福、佳世客、沃尔玛等大型外资集团在我国市场占据着一半的市场份额，因此，外资超市间的竞争、外资超市与本土超市间的竞争是目前行业内最为重要的竞争形式，掌握好与外资行业的竞争方向和竞争手段，是我国本土超市产业生存发展的关键所在。

案例思考：如何运用波特五力模型分析自己项目的吸引力？

波特五力模型由迈克尔·波特（Michael Porter）于 20 世纪 80 年代初提出，他认为行业中存在着决定竞争规模和程度的五种力量，这五种力量综合起来影响着产业的吸引力，对企业战略制定产生全球性的深远影响。五力分别是：供应商的议价能力、购买者的议价能力、潜在竞争者进入的能力、替代品的替代能力、行业内竞争者的竞争能力。五种力量的不同组合变化最终影响行业利润潜力的变化。

5.2.1　供应商的议价能力

供方主要通过提高投入要素价格与降低单位产品的质量，来影响行业中现有企业的盈利能力与产品竞争力。供方力量的强弱主要取决于他们所提供给买主的是什么投入要素，当供方所提供的投入要素的价值占据了买主产品总成本的较大比重、对买主产品生产过程非常重要或严重影响买主产品的质量时，供方对于买主的潜在讨价还价能力就大大增强。

一般来说，满足以下条件的供方会具有比较强的讨价还价能力。

（1）供方行业为一些具有比较稳固市场地位而不受市场激烈竞争困扰的企业所控制，其产品的买主很多，以致每一单个买主都不可能成为供方的重要客户。

（2）供方各企业的产品各具一定的特色，以致买主难以转换或转换成本太高，或者很难找到可与供方企业产品相竞争的替代品。

（3）供方能够方便地实行前向联合或一体化，而买主难以进行后向联合或一体化。

5.2.2　购买者的议价能力

购买者主要通过压价或要求提供较高的产品或服务质量，来影响行业中现有企业的盈利能力。

一般来说，满足以下条件的购买者可能具有较强的讨价还价能力。

（1）购买者的总数较少，而每个购买者的购买量较大，占据了卖方销售量的很大比重。

（2）卖方行业由大量相对来说规模较小的企业所组成。

（3）购买者所购买的基本上是一种标准化产品，同时向多个卖主购买产品在经济上也完全可行。

（4）购买者有能力实现后向一体化，而卖主不可能实现前向一体化。

5.2.3　潜在竞争者进入的能力

新进入者在给行业带来新生产能力、新资源的同时，也希望在已被现有企业瓜分完毕的市场中赢得一席之地，这就有可能会与现有企业发生原材料与市场份额的竞争，最终导致行业中现有企业盈利水平降低，甚至还有可能危及这些企业的生存。潜在竞争者进入的能力取决于两个方面的因素，即进入新领域的障碍大小与现有企业对进入者的反应情况。

进入障碍主要包括规模经济、产品差异、资本需要、转换成本、销售渠道开拓、政府行为与政策（如国家综合平衡统一建设的石化企业）、不受规模支配的成本劣势（如商业秘密、产供销关系、学习与经验曲线效应等）、自然资源（如冶金业对矿产的拥有）、地理环境（如造船厂只能建在海滨城市）等方面，其中有些障碍是很难借助复制或仿造的方式来突破的。现有企业对进入者的反应情况主要表现在采取报复行动的可能性大小，这取决于有关厂商的财力情况、报复记录、固定资产规模、行业增长速度等。总之，新企业进入一个行业的可能性大小，取决于进入者主观估计进入所能带来的潜在利益、所需花费的代价与所要承担的风险这三者的综合评估情况。

5.2.4 替代品的替代能力

两个处于同行业或不同行业中的企业，可能会由于所生产的产品互为替代品，从而产生相互竞争的行为，这种源自替代品的竞争会以各种形式影响行业中现有企业的竞争战略。第一，现有企业产品售价以及获利能力的提升，将因存在着能被用户方便接受的替代品而受到限制；第二，由于替代品生产者的侵入，使得现有企业必须提高产品质量，或通过降低成本来降低售价，或使其产品更具特色，否则其销量与利润增长的目标就有可能受挫；第三，源自替代品生产者的竞争强度，受产品买主转换成本高低的影响。总之，替代品价格越低、质量越好、用户转换成本越低，其所能产生的竞争压力就越强；而这种来自替代品生产者的竞争压力的强度，可以通过考察替代品销售增长率、替代品厂家生产能力与盈利扩张情况来加以描述。

5.2.5 行业现有竞争者的竞争能力

大部分行业中的企业，相互之间的利益都是紧密联系在一起的，作为企业整体战略一部分的各企业竞争战略，其目标都在于使得自己的企业获得相对于竞争对手的优势，所以，在实施中必然会产生冲突与对抗现象，这些冲突与对抗就构成了现有企业之间的竞争。现有企业之间的竞争常常表现在价格、广告、产品介绍、售后服务等方面，其竞争强度与许多因素有关。

一般来说，出现下述情况将意味着行业中现有企业之间竞争的加剧，如行业进入障碍较少，势均力敌竞争对手较多，竞争参与者范围广泛；市场趋于成熟，产品需求增长缓慢；竞争者企图采用降价等手段促销；竞争者提供几乎相同的产品或服务，用户转换成本很低；一个战略行动如果取得成功，其收入相当可观；行业外部实力强大的公司在接收了行业中实力薄弱的企业后，发起进攻性行动，结果使得刚被接收的企业成为市场的主要竞争者；退出障碍较多，即退出竞争要比继续参与竞争代价更大。在这里，退出障碍主要受经济、战略、感情以及社会政治关系等方面的影响，具体包括资产的专用性、退出的固定费用、战略上的相互牵制、情感上的难以接受、政府和社会的各种限制等。

5.3 创业项目微观分析

★应用案例

星巴克在中国地区的SWOT分析

一、优势

经营模式：根据世界各地不同的市场情况采取灵活的投资与合作模式，多以直营经营为主，充分运用“体验”：星巴克认为他们的产品不单是咖啡，而且是咖啡店的体验。另外，星巴克更擅长咖啡之外的“体验”，如气氛管理、个性化的店内设计、暖色灯光、柔和音乐等，就像麦当劳一直倡导售卖欢乐一样，星巴克把美式文化逐步分解成可以体验的东西。

产品：星巴克主要卖的是咖啡与自家的咖啡豆，除此之外，星巴克卖的也是一种味道与感觉和所谓的无形氛围，星巴克与一般咖啡店不同的是给人一种极富人文时尚的摩登感。

地点：以人多的商圈为主，此外，还选择车站等交通地点，因为星巴克除了卖给想喝咖啡的人外，还可提供一个短暂休憩的地方。

二、劣势

本土化问题：暂且先把“一万家”的庞大数目放到一边，眼下星巴克更重要的是中国的本土化问题。任何一个从国外进入中国的企业，一定要考虑本土化问题，星巴克在中国要考虑到政策和市场的不成熟，法律法规的不完善。对于星巴克来说，一定要谨慎地寻找合作伙伴和调整发展战略，选择自己本土化的模式，其中包括管理模式、合作模式和产品模式。

资金问题：但凡对星巴克有了解的人都会注意到一个现象，星巴克店面的选址总是遵循一个规律——租金昂贵的城市繁华地段。众所周知，星巴克对于大众来说是奢侈品，为了保证星巴克的客源，如此选址也是权宜之举。据了解，星巴克在上海开一家新店需要200万，而收回直营后的星巴克计划在中国的门店数量增加到500家以上，对于星巴克来说，需要大量的资金来为其开拓新店。星巴克能否“单枪匹马”开拓市场，同时解决资金、人力以及后备资源的庞大需求，将成为考验星巴克的一道难题。

三、机遇

中国市场全面覆盖：星巴克在华的经营模式最初是以许可授权区域合作伙伴的方式进行的。星巴克总部收取特许经营商的专利费后，将星巴克的商标使用权授予特许经营商使用，总部只能在特许经营商的营业收入中抽取少量固定比例的提成。上海统一星巴克咖啡有限公司行使其在上海、杭州和苏州等江南地区的代理权；美心星巴克餐饮（南中国）有限公司目前拥有在中国澳门、广东和海南的星巴克经营权；北京、天津为主的中国北方地区的代理权授予了北京美大咖啡有限公司。短短几年的时间，中国区域成为星巴克全球业务中的一个亮点。香港星巴克分店开业第一个月就创下了全球最快盈利纪录，上海统一星巴克发展堪称“奇迹”，在两年内就获得了3 200万元的利润。这使得星巴克总部眼红不已，如果能将这些代理权统一收回并能在此基础上继续发展壮大，那么星巴克之后在中国餐饮市场的地位真是无法估量。

四、威胁

急剧扩张后的潜在风险：开设新店的投资压力巨大。同时，由于星巴克不允许加盟，所以经营者无法像其他咖啡店那样靠加盟金获利。

现实和潜在的竞争者众多：中国内地市场已有的上岛咖啡、日本真锅咖啡，以及后来进入的加拿大百怡咖啡等，无不把星巴克作为其最大的竞争对手，“咖啡大战”的上演已经不可避免。经过综合分析，星巴克面临的竞争对手还不止这些，其竞争对手大致有如下4大类。

1. 咖啡同业竞争：连锁或加盟店如西雅图咖啡、意式咖啡、罗多伦咖啡及陆续进入市场的咖啡店和独立开店的咖啡店。

2. 便利商店的竞争：便利商店随手可得的铁罐咖啡、铝罐包装咖啡、方便式随手包冲泡咖啡。

3. 快餐店卖咖啡：麦当劳快餐店、肯德基快餐店等以便利为主的咖啡机冲泡的咖啡。

4. 定点咖啡机：伫立于机场、休息站，以便利为主，随手一杯咖啡机冲泡的咖啡，或铁罐咖啡、铝铂包装咖啡。

案例思考：如何运用SWOT分析方法分析自己项目的微观环境？

5.3.1　供应商分析

1. 供应商分析的必要性

供应商是指对企业进行生产所需而提供特定的原材料、辅助材料、设备、能源、劳务、资金等资源的供货单位。这些资源的变化直接影响到企业产品的产量、质量以及利润，从而影响企业营销计划和营销目标的完成。

2. 供应商对企业营销的影响作用

（1）供应的及时性和稳定性。原材料、零部件、能源及机器设备等货源的保证供应，是企业营销活动顺利进行的前提，如棉纺厂不仅需要棉花等原料进行加工，还需要设备、能源作为生产手段与要素，任何一个环节在供应上出现了问题，都会导致企业的生产活动无法正常开展。为此，企业为了在时间上和连续性上保证货源的供应，就必须和供应商保持良好的关系，及时了解和掌握供应商的情况，分析其状况和变化。

（2）供应货物的价格变化。供应的货物价格变动会直接影响企业产品的成本。如果供应商提高原材料价格，必然会带来企业的产品成本上升，生产企业如提高产品价格，会影响市场销路；可以使价格保持不变，但会减少企业的利润。为此，企业必须密切关注和分析供应商的货物价格变动趋势，使企业应变自如，早做准备，积极应对。

（3）供货的质量保证。供应商能否供应质量有保证的生产资料直接影响到企业产品的质量，进一步来说会影响到销售量、利润及企业信誉。例如，劣质葡萄难以生产出质优的葡萄酒，劣质建筑材料难以保证建筑物的坚固耐用。为此，企业必须了解供应商的产品，分析其产品的质量标准，从而保证自己产品的质量，以赢得消费者和市场。

5.3.2　企业内部分析

企业开展营销活动要充分考虑到企业内部的环境力量和因素。企业是组织生产和经营的经济单位，是一个系统组织。企业内部一般设立计划、技术、采购、生产、营销、质检、财务、后勤等部门。企业内部各职能部门的工作及其相互之间的协调关系，直接影响着企业的整个营销活动。

5.3.3　营销中介分析

1. 营销中介分析的必要性

营销中介是指为企业营销活动提供各种服务的企业或部门的总称。营销中介对企业营销有直接、重大的影响，只有通过有关营销中介所提供的服务，企业才能把产品顺利地送达目标消费者手中。营销中介的主要功能是帮助企业推广和分销产品。

2. 营销中介分析的主要对象

（1）中间商。指把产品从生产商流向消费者的中间环节或渠道，它主要包括批发商和零售商两大类。中间商对企业营销具有极其重要的影响，它能帮助企业寻找目标顾客，为产品打开销路，为顾客创造地点效用、时间效用和持有效用。一般企业都需要与中间商合作来完成企业营销目标。为此，企业需要选择适合自己营销的中间商，必须与中间商建立良好的合作关系，了解和分析其经营活动，并采取一些激励性措施来推动其业务活动的开展。

（2）营销服务机构。指企业营销中提供专业服务的机构，包括广告公司、广告媒介经营公司、市场调研公司、营销咨询公司、财务公司等。这些机构对企业的营销活动会产生直接的影响，它们的主要任务是协助企业确立市场定位，进行市场推广，提供活动方便。一些大企业或公司往往拥有自己的广告和市场调研部门，但大多数企业则以合同方式委托这些专业公司来办理有关事务。为此，企业需要关注和分析这些服务机构，以选择最能为本企业提供有效服务的机构。

（3）物资分销机构。指帮助企业进行保管、储存、运输的物流机构，包括仓储公司、运输公司等。物资分销机构的主要任务是协助企业将产品实体运往销售目的地，完成产品空间位置的移动。到达目的地之后，由于还有一段待售时间，所以还要协助保管和储存。这些物流机构是否安全、便利、经济，直接影响企业营销效果。因此，在企业营销活动中，必须了解和研究物资分销机构及其业务变化动态。

（4）金融机构。指企业营销活动中进行资金融通的机构，包括银行、信托公司、保险公司等。金融机构的主要功能是为企业营销活动提供融资及保险服务。在现代化社会中，任何企业都要通过金融机构开展经营业务往来。金融机构业务活动的变化还会影响企业的营销活动，如银行贷款利率上升，会使企业成本增加；信贷资金来源受到限制，会使企业经营陷入困境。为此，企业应与这些公司保持良好的关系，以保证融资及信贷业务的稳定和渠道的畅通。

5.3.4　顾客分析

1. 顾客分析的必要性

顾客是指使用进入消费领域的最终产品或劳务的消费者和生产者，也是企业营销活动的最终目标市场。顾客对企业营销的影响程度远远超过前述的环境因素。顾客是市场的主体，任何企业的产品和服务，只有得到了顾客的认可，才能赢得市场。现代营销强调把满足顾客的需要作为企业营销管理的核心。

2. 顾客分析的市场类型

（1）消费者市场。指为满足个人或家庭消费需求而购买产品或服务的个人和家庭。

（2）生产者市场。指为生产其他产品或服务，以赚取利润而购买产品或服务的组织。

（3）中间商市场。指购买产品或服务以转售，从中获取利润的组织。

（4）政府市场。指购买产品或服务，以提供公共服务或把这些产品及服务转让给其他需要的人的政府机构。

（5）国际市场。指国外购买产品或服务的个人及组织，包括外国消费者、生产商、中间商及政府。

3. 顾客分析的要求

上述五类市场的顾客需求各不相同，要求企业以不同的方式提供产品或服务，顾客的需求、欲望和偏好直接影响着企业营销目标的实现。为此，企业要注重对顾客进行研究，分析顾客的需求规模、需求结构、需求心理以及购买特点，这是企业营销活动的起点和前提。

5.3.5 社会公众分析

1. 社会公众分析的必要性

社会公众是企业营销活动中与企业营销活动发生关系的各种群体的总称。公众对企业的态度，会对其营销活动产生巨大的影响，它既可以帮助企业树立良好的形象，也可能妨碍企业的形象。所以企业必须处理好与主要公众的关系，争取公众的支持和偏爱，为自己营造一个和谐、宽松的社会环境。

2. 社会公众分析的对象

（1）金融公众。主要包括银行、投资公司、证券公司、股东等，这些公众对企业的融资能力有重要的影响。

（2）媒介公众。主要包括报纸、杂志、电台、电视台等传播媒介，这些公众掌握传媒工具，有着广泛的社会联系，能直接影响社会舆论对企业的认识和评价。

（3）政府公众。主要指与企业营销活动有关的各级政府机构部门，这些公众所制定的方针、政策，对企业营销活动或是限制，或是机遇。

（4）社团公众。主要指与企业营销活动有关的非政府机构，如消费者组织、环境保护组织，以及其他群众团体。企业营销活动涉及社会各方面的利益，来自这些社团公众的意见和建议，往往对企业营销决策有着十分重要的影响作用。

（5）社区公众。主要指企业所在地附近的居民和社区团体。社区是企业的邻里，企业保持与社区的良好关系，为社区的发展做一定的贡献，会受到社区居民的好评，并能帮助企业在社会上树立良好的形象。

（6）内部公众。指企业内部的管理人员及一般员工，企业的营销活动离不开内部公众的支持。应该处理好与广大员工的关系，调动他们开展市场营销活动的积极性和创造性。

5.3.6 竞争者分析

1. 识别竞争者

创业企业进行市场竞争环境分析，需要识别自己所面对的竞争对手，这似乎是一件简单的工作，就像柯达知道富士是自己的主要竞争对手一样，但是创业企业实际和潜在的竞争对手范围很广，它往往被新出现的企业或技术击败，就像柯达在胶卷业最大的竞争威胁来自数码相机。

根据产品替代观念，可以区分四种层次的竞争者。

（1）品牌竞争。当其他企业以相似的价格向相同的顾客提供类似产品与服务时，企业将其视为竞争者。例如，被海尔视为主要竞争者的是价格和档次相似、生产同类彩电的康佳及 TCL 等企业。

（2）行业竞争。企业可以广义地把制造同样或同类产品的企业视作竞争者。例如，海尔可能认为自己在与所有彩电制造商竞争。

（3）形式竞争。企业可以更广泛地把所有制造商能提供相同服务的产品的企业都作为竞争者。例如，海尔企业认为自己不仅与家电制造商竞争，还与其他电子产品制造商竞争。

（4）通常竞争。企业还可以更广泛地把所有争取同一消费者的人都看成是竞争者。例如，海尔可以认为自己在与所有的主要耐用消费品企业竞争。

创业企业还可以从行业观点来辨认自己的竞争对手。行业竞争观念是从行业角度来界定竞争者，主要来自现有竞争企业、潜在加入者、替代品生产者。

2. 了解竞争内容

创业企业所面临的市场竞争内容主要包括产品、价格、渠道、促销、信誉等方面的竞争。

（1）产品竞争。首先是产品质量竞争，主要是指产品内在质量（可靠性、适用性、先进性等）；其次是产品形式的竞争，主要有产品品牌、包装、外观、商标等；再次是产品服务的竞争，根据服务的阶段性主要有售前服务、售中服务、售后服务。

（2）价格竞争。这是市场竞争的主要手段，价格竞争可能赢得市场占有率，也可能使企业的利润降低，因此要谨慎使用，创业企业应该不断节约生产成本，提高经营管理水平，以取得价格上的优势。

（3）渠道竞争。这是产品营销的基础，是产品从生产者到消费者经过的流程。

（4）促销竞争。这是吸引消费者的有效手段，可以借此来宣传产品，传播商品信息，同时宣传企业，有利于在消费者心中树立良好的企业形象。

（5）信誉竞争。商业信誉是消费者心目中对企业或产品的一种信任感。信誉在市场竞争中处于很重要的地位。

3. 判别竞争者的目标

竞争者的目标有长期目标和短期目标之分。长期目标一般是一年以上的，从战略角度出发确定的发展方向；短期目标一般是一年以下的，为实现长期目标而制定的具体行动步骤。很多时候竞争对手可能会确定一个组合目标，如销售额、市场份额、现金流量、技术领先、服务领先等。创业企业需要了解竞争对手的加权目标，估计其对各种类型的竞争性攻击可能会做出何种反应。

4. 辨别竞争者的战略

创业企业最直接的竞争者是那些为相同目标市场推行相同战略的人。一个战略群体就是在一个特定行业中推行相同战略的一组企业。一个企业需要辨别其最具威胁性的竞争对手的所在地。公司也必须关注其他群体，因为群体与群体之间也存在着对抗。首先，某些战略群体所吸引的顾客群相互之间可能有所交叉。其次，顾客看不出他们的供应品有多少差异。再次，各个组别可能都想扩大自己的市场细分范围，在规模和实力相当以及在各组之间流动障碍较小的情况下，更为如此。一个企业还必须不断地观察竞争对手的战略。

5. 评估竞争者的优势与劣势

（1）优劣势评估。市场中的各个竞争者是否能够正确执行其战略达到其规划的目标，主要取决于竞争者各自拥有的资源和能力。创业营销人员需要通过收集竞争者的关键数据，如市场销量、销售额、市场份额、毛利率、投资回报率等以了解有关竞争者的优势和劣势。对于竞争者的劣势，创业企业可以针对最成功的竞争者开展定点赶超。

（2）竞争反应模式。竞争者对外部刺激的反应多种多样，创业营销人员需要了解竞争者的心理状态以预见其可能做出的反应。根据反应强度和范围，可以将竞争者的反应划分为六种模式。

①消极性防御者。此类竞争者可能是由于没有反击所需的资金，或者是信赖顾客忠诚性而选择坐观其变，并非立即采取反击行动。

②全面性防御者。此类竞争者为了使自己的地位不受侵犯，往往会对外部的威胁做出全面的反应，这样往往会将防御战线拉长，如此措施对单一的竞争对手可能效果不错，但是要同时对付多个对手就会显得力不从心，手忙脚乱。

③死守型反击者。此类竞争者的反击行动一般是最有效的，因为反击范围集中、信念强烈，其反击强度一般很强而且持久。

④选择型反击者。此类竞争者可能只对某些类型的攻击做出反应，而对其他类型的攻击则不予理会，这样集中力量重点反击，因而需要了解其敏感部位，避免不必要的冲突。

⑤随机型反击者。此类竞争者反应不确定，并不表露可预知的反应模式，他在任何特定情况下可能会也可能不会做出反击，可能会采取任何可能的反击方式。众多小公司都是随机型反击者。

⑥凶暴型反击者。此类竞争者对向其拥有的领域发起的任何进攻都会做出迅速而强烈的反应，以警告竞争对手最好不要惹他。

（3）竞争情报系统。全面收集竞争对手的信息不是随机偶然得到的，创业企业更应当建立自己的竞争情报系统以实现成本有效化，并建立跨部门小组来设计处理这一系统。

在设计一个竞争情报系统时，往往有四个步骤。

①建立情报系统。这一步要求明确哪些竞争情报信息最为重要，识别这方面信息的最佳来源和委派专人管理这个系统及其业务。

②收集数据资料。这一步的数据资料主要从实地调研（推销人员、销售渠道、供应商、市场调研公司）和新录用的雇员及竞争者的雇员那里获得，从与竞争者做生意的人员中取得信息，从观察竞争者或分析实物证据来获得信息和公开资料（政府刊物、讲话、文章）。另外，由于国内外的大量有用资料存储在光盘和信息网上，从而使全球信息唾手可得。

③估计与分析。这一步检查资料和数据的有效性和可靠性，给予解释并适当组织。

④传播与反应。在这一步，关键重要的信息必须传递到相关决策者手上，并解答经理们有关竞争者问题的询问。

课后习题

1. 创业项目宏观环境分析的方法有哪些?
2. 简要论述五力模型、SWOT 分析方法、PEST 分析方法的要点。

第6章

市场调研

★学习目标

1. 掌握市场调查的内容、方法和步骤。
2. 掌握调查问卷的结构，设计的基本要求和步骤。
3. 熟悉调查问卷的数据整理分析。

★导入案例

太子奶集团开发童装之路

2002年底，位于北京市密云工业开发区的“太子”童装生产基地开始试产首批童装。引人关注的是，投资方不是什么服装企业，而是国内的乳酸菌企业——湖南太子奶集团。无独有偶，国内的饮料巨头们不甘寂寞，纷纷上演“串行”戏：娃哈哈卖上了方便面，统一进军白酒市场，如今太子奶集团又做起了童装。据了解，如此大规模、行业性的“串行”在饮料行业还是第一次。其实早在几年前，就有饮料巨头“百事可乐”大胆跨入运动服饰行业成功“串行”的先例。但像这样几家企业的先后行动却极为少见：先是“娃哈哈”紧锣密鼓地为设在河南的方便面厂招兵买马，然后是“统一”企业与吉林白酒集团签约进军白酒市场，到湖南太子奶集团在京投资数亿元建成“太子”童装生产基地。这种“大串行”现象，是与市场调查和预测分不开的。

经过周密的市场调查和预测，太子奶集团发现童装市场需求大、前景看好，于是做出了大胆的跨行经营举动。据有关部门统计，我国目前16岁以下的少年儿童约有3.2亿，占全国人口的27%，国内儿童服装生产企业共有4 000多家，年生产儿童服装6亿多件，而真正叫得响的儿童品牌服装也只有200家左右，整个儿童服装市场从数量到品质远远不能满足市场的需求。据悉，落成的“太子”童装公司占地320多亩（1亩≈666.7平方米），投资数亿元，拥有数万平方米的现代化标准厂房、宽大的智能物流中心和世界先进的全智能电脑制衣生产线，独家从日本、法国进口符合当今国际流行色彩和环保要求的面料，据说每季可以推出至少 200 个流行款式。

案例思考：太子奶集团转型成功的原因是什么？

6.1　市场调研概述

市场调研是市场调查和市场研究的总称，它是个人或组织根据特定的决策问题而系统地设计、搜集、记录、整理、分析及研究市场各类信息资料、报告调研结果的工作过程。通过市场调查，创业者可以了解与市场相关的客观因素，如环境、政策、法规等方面的信息；了解与市场相关的主观因素，如竞争对手、消费者需求等方面的信息。因此，详尽的市场调查有助于创业者做出正确的市场定位、更好的市场细分以及企业营销决策，减少创业过程中的失误，增加创业成功的可能性。

6.1.1　市场调查的功能与作用

市场调查可以帮助创业者把握准确的信息，对创业项目进行可行性分析，使创业者了解行业资讯，做出科学的市场定位，并通过科学的决策，制订相应的营销计划。

（1）帮助创业者把握准确的信息，对创业项目进行可行性分析。通过市场调查，创业者对拟提供产品或服务的市场潜在需求量大小、消费者分布集中度、产品或服务吸引目标市场的原因、市场的竞争程度等信息会有一个大致的了解，据此可以分析创业项目的可行性。通过对所需资源丰裕程度及获取难易程度的调查，可以对项目运作的可能性做出判断；通过市场调查还可以对未来的发展趋势及消费习惯的可能性变化进行预测，对项目的持续性展开分析，并根据调查信息适当对创业计划做出调整，使创业者更好地驾驭创业项目。

（2）帮助创业者了解行业资讯，进行科学的市场定位。通过对行业信息调查，可以对行业的生命周期阶段、行业机会大小、行业竞争状况、行业的进入和退出进行分析判断；同时结合对消费者需求的了解，创业者可以更加了解对应的细分市场，做出科学的市场定位，包括产品定位、客户定位、区域定位、价格定位等。

（3）帮助创业者做出科学决策，制订相应的营销计划。通过市场调查了解到的消费者消费习惯、容易接受的沟通方式、愿意支付的价格等信息，创业企业可以制订切实可行的营销计划，从最终确定的消费者群体的喜好出发，按照其可以接受的价格和时间，选择其方便的购买方式进行恰当的促销，并通过积极的沟通对客户关系进行管理，与消费者之间建立一种稳固的、密切的长期共赢的关系。

6.1.2　市场调查的内容

为了实现市场调查的上述功能，就需要在市场调查时对创业环境、竞争对手、消费者需求状况等展开调查。

1. 创业环境调查

创业环境调查包括宏观环境调查和行业环境调查。

（1）宏观环境调查。可以通过 PEST 调查展开，即要对创业项目面临的政治法律环境、经济环境、社会环境和科技环境进行调查。

P 即 politics，政治要素，指一个国家或地区的政治制度、体制、方针政策、法律法规等方面的因素。政府管制、政府采购规模和政策、税法修改、劳动保护法修改、公司法和合同法修改、财政和货币政策等都会对创业企业未来的经营状况有很重要的影响。

E 即 economics，经济要素，指一个国家的经济制度、经济结构、产业布局、资源状况、经济发展水平及未来经济走势等。其关键要素包括 GDP 增长率、利率水平、财政货币政策变化、通货膨胀率、失业率、居民可支配收入、能源供给成本、市场机制和市场需求等。这些因素不仅是企业经营环境的重要组成部分，而且直接影响企业未来的经营成本和销售收入，进而影响创业项目的可行性。

S 即 society，社会要素，是组织所在社会中成员的民族特征、文化传统、价值观念、宗教信仰、教育水平及风俗习惯等因素。其构成要素包括人口规模、年龄结构、种族结构、收入水平、消费结构、人口流动性等。其中人口规模直接影响着一个国家或地区的市场容量，年龄结构决定消费品的种类及推广方式。

T 即 technology，技术要素，是指社会技术总水平及变化趋势、技术变迁、技术突破对企业的影响，以及技术对政治、经济、社会环境之间的相互作用的表现等，包括与企业生产有关的新技术、新工艺、新材料的出现和发展趋势及应用前景。

（2）行业环境调查。常用的工具是战略家迈克尔·波特于 20 世纪 80 年代提出来的“五力模型”。新竞争对手的入侵、替代品威胁、买方议价能力、卖方议价能力及现存竞争者间的竞争等因素，是决定企业盈利能力的首要因素，可以用来分析企业所在行业的竞争特征和产业的吸引力。这五种作用力综合起来会影响价格、成本和投资收益等因素，从而决定某产业中的企业获取超出资本成本的平均投资收益率的能力。例如，卖方议价能力会影响原材料成本和其他投入成本；竞争强度影响价格及竞争成本。

2. 竞争对手调查

对竞争对手的调查从寻找、分析竞争对手开始，创业团队必须首先能够判断出企业直接或潜在的竞争对手。一般来说，直接竞争对手是与创业企业提供类似产品的企业。这类竞争者相当重要，因为它们与企业争夺同一顾客群。间接竞争者是提供创业企业产品替代品的企业，与创业企业一样可以满足消费者的一些基本需求。另外，创业团队还要针对创业企业经营范围的变化情况将未来可能的竞争者也列入调查分析的范围。

识别出所有的直接或间接竞争者一般很难做到，但是通过列举一些自己能够意识到的竞争者类型，对其经营状况进行分析，将有助于创业者对竞争范围和强度做出基本估计。再通过对主要竞争者的战略和行为进行对比分析，创业者可以了解关键领域与竞争对手相比的优劣势所在，明确其存在竞争优势的领域。

3. 消费者需求状况调查

经营是“消费者需求洞察”，销售是“消费者心理探寻及满足”，消费者需求调查和分析是企业经营成败的焦点和核心之一。创业之前，创业团队应该对消费者的需求特征，以及影响消费者消费的关键因素等进行调查。

通过问卷、访谈、座谈、讨论、观察、写实等调查形式和手段，创业团队可以对目标消费者进行全面研究，挖掘消费者的潜在需求，对不同群体消费者在某一类产品的消费心理、消费行为、消费需求、消费动机、消费决策过程及信息获取渠道等进行分析，帮助企业正确进行产品定位和目标市场定位，减少企业在产品选择和市场选择上的失误，并可在充分调查研究的基础上，进一步评估潜在市场的吸引力和企业在该市场的竞争力，制定相应的营销策略。需求调查表的调查对象是产品的目标用户，问题设计要尽量短小、易于回答。

★应用案例

某公司正在开发一项新产品，在开发之前就本产品的消费者需求进行了市场调查。调查情形如下：

您好！我是××公司的调查员，我们正在进行一项××产品（服务）的可行性研究，希望占用您几分钟时间，了解一下您对××产品（服务）的看法和意见。您的意见对我们的产品（服务）的完善十分重要，希望得到您的支持，谢谢！

1. 这个产品（服务）是否满足您对产品功能的期望？

A. 满足　B. 比较满足　C. 部分满足　D. 不满足　E. 完全不满足

2. 这个产品（服务）相比现有同类产品，是否能更好地满足您的需求？

A. 满足　B. 比较满足　C. 部分满足　D. 不满足　E. 完全不满足

3. 您愿意购买这个产品（服务）吗？

A. 非常愿意　B. 愿意　C. 可能愿意　D. 不愿意　E. 非常不愿意

4. 您期望在哪里找到这类产品（服务）？

5. 您愿意为此产品（服务）支付多少钱？

6. 您认为这个产品（服务）存在哪些不足之处？

再次感谢您对本次调查活动的支持，谢谢！

案例思考：试就上述消费者需求调查增加一些调查内容。

6.1.3　市场调查的方法

市场调查的方法主要有观察法、实验法、访问法和问卷法等。

1. 观察法

观察法是社会调查和市场调查研究的最基本方法。它是由调查人员根据调查研究的对象，利用眼睛、耳朵等感官以直接观察的方式对其进行考察并搜集资料。例如，市场调查人员到被访问者的销售场所去观察商品的品牌及包装情况。

2. 实验法

实验法是由调查人员根据调查的要求，用实验的方式将调查的对象控制在特定的环境条件下，对其进行观察以获得相应的信息。控制对象可以是产品的价格、品质、包装等，在可控制的条件下观察市场现象，揭示在自然条件下不易发生的市场规律。这种方法主要用于市场销售实验和消费者使用实验。

3. 访问法

访问法可以分为结构式访问、无结构式访问和集体访问。

结构式访问是实现设计好的、有一定结构的访问问卷的访问。调查人员要按照事先设计好的调查表或访问提纲进行访问，要以相同的提问方式和记录方式进行访问。提问的语气和态度也要尽可能地保持一致。

无结构式访问是指没有统一的问卷，由调查人员与被访问者自由交谈的访问。它可以根据调查的内容，进行广泛的交流。如对商品的价格进行交谈，以了解被调查者对价格的看法。

集体访问是指通过集体座谈的方式听取被访问者的想法来收集信息资料。集体访问可以分为专家集体访问和消费者集体访问。

★知识链接

集体访问法即开调查会，就是调查者邀请若干被调查者，通过集体座谈的方式了解社会情况或研究社会问题的调查方法，是类似于公众座谈会的一种集中收集信息的方法。一般由组织的一名或几名调查员与公众进行座谈，以了解他们的意见和看法。集体访问法是一种了解情况快、工作效率高、经费投入少的调查方法，但对调查员组织会议能力的要求很高。另外，它也不适合调查某些涉及保密、隐私、敏感性的问题。

4. 问卷法

问卷法是通过设计调查问卷，让被调查者填写调查表的方式获得所调查对象的信息。在调查中将调查的资料设计成问卷后，让接受调查的对象将自己的意见或答案填入问卷中。在一般进行的实地调查中，以问卷法采用最广泛；同时，问卷调查法在网络市场调查中运用得较为普遍。

6.1.4　市场调查的步骤

典型的市场调查一般可分为三个阶段，即调查准备阶段、正式调查阶段和调查结果处理阶段。

1. 调查准备阶段

调查准备阶段应明确调查主题，以及通过调查想了解的主要问题。创业者总会面临这样那样的问题，但一项调研的目标不能漫无边际，只有将每次调研所要解决的问题限定在一个确切的限度内，才便于有效制订计划和实施调研。

2. 正式调查阶段

正式调查阶段有两项工作。一是制订市场调查计划，市场调查计划应确定所需要的信息种类，明确信息来源，选择市场调查方法。二是组织实施计划，该环节包括根据调查任务和规模建立调查组织或外请专业调查公司，训练调查人员，准备调查工具，实地展开调查等。

3. 调查结果处理阶段

这一阶段包括分析调查资料和撰写市场调查报告两个环节。

（1）分析调查资料。分析调查资料的过程中应检查资料是否齐全；对资料进行编辑加工，去粗取精，找出误差；对资料进行分类、制图、列表，以便于归档、查找、使用；运用统计模型和其他数学模型对数据进行处理，以充分发掘现有数据中可推出的结果，在看似无关的信息间建立起内在联系。

（2）撰写市场调查报告。调查报告应包括以下内容：引言，说明市场调查的目的、对象、范围、时间、地点等；摘要，简明概括整个研究的结论和建议，这也许是决策者有时间读的唯一部分；正文，详细说明市场调查目标、调查过程、结论和建议；附件，包括样本分配、数据图表、问卷附件、访问记录、参考文献资料等。

6.2　设计调查问卷

6.2.1　调查问卷的设计原则

问卷设计得好坏很大程度上又与设计原则有关。其主要的设计原则包括以下六点。

1. 合理性

合理性指的是问卷必须与调查主题紧密相关。违背了这样一点，再漂亮或精美的问卷都是无益的。而所谓问卷体现调查主题其实质是在问卷设计之初要找出“与调查主题相关的要素”。

2. 普遍性

普遍性，即问题的设置是否具有普遍意义。应该说，这是问卷设计的一个基本要求。如果我们仍然能够在问卷中发现带有一定常识性的错误，那么这一错误不仅不利于调查成果的整理分析，而且会使调查委托方怀疑调查者的专业水平。

3. 逻辑性

问卷的设计要有整体感，这种整体感即问题与问题之间要具有逻辑性，独立的问题本身也不能出现逻辑上的谬误。问题设置得紧密相关，能够使调查者获得比较完整的信息。调查对象也会感到问题集中、提问有章法。相反，假如问题是发散的、带有意识流痕迹的，问卷就会给人以随意性的感觉。那么，将市场调查作为经营决策依据的企业就会对调查失去信心。

4. 明确性

所谓明确性，事实上是问题设置的规范性。这一原则具体是指命题是否准确，提问是否清晰明确、便于回答；被访者是否能够对问题做出明确的回答等。

5. 非诱导性

不成功的记者经常会在采访中使用诱导性的问题。这种提问方式如果不是刻意地要得出某种结论而甘愿放弃客观性的原则，就是彻头彻尾的职业素质的缺乏。在问卷调查中，因为有充足的时间做提前准备，这种错误大大地减少了。这一原则之所以成为必要，是因为高度竞争的市场对调查业的发展提出了更高的要求。

6. 便于整理、分析

成功的问卷设计除了考虑到紧密结合调查主题与方便信息收集外，还要考虑到调查结果应容易得出并有说服力。这就需要考虑到问卷在调查后的整理与分析工作。

6.2.2 调查问卷的结构

调查问卷的一般结构有标题、说明、主体、编码号、致谢语和实验记录等。

1. 标题

每份问卷都有一个研究主题。研究者应开宗明义定个题目，反映这个研究主题，使人一目了然，增强填答者的兴趣和责任感，例如“厂级干部推荐表”，这个问卷的标题把该厂人事部门的调查内容和调查范围反映了出来。

2. 说明

问卷前面应有一个说明。这个说明可以是一封告调查对象的信，也可以是指导语，说明这个调查的目的和意义，填答问卷的要求和注意事项，下面同时填上调查单位名称和年月日。

问卷开头主要包括引言和注释，对问卷的情况进行说明。

引言应包括调查的目的、意义、主要内容、调查的组织单位、调查结果的使用者、保密措施等。其目的在于引起受访者对填答问卷的重视和兴趣，使其对调查给予积极的支持和合作。

引言一般放在问卷的开头，篇幅宜小不宜大。访问式问卷的开头一般非常简短；自填式问卷的开头可以长一些，但一般以不超过三百字为宜。

3. 主体

主体是研究主题的具体化，是问卷的核心部分。问题和答案是问卷的主体。从形式上看，问题可分为开放式和封闭式两种。从内容上看，可以分为事实性问题、意见性问题、断定性问题、假设性问题和敏感性问题等。

4. 编码号

并不是所有问卷都需要的编码号。对于规模较大又需要运用电子计算机统计分析的调查，要求将所有的资料项目化，与此相适应的问卷就要增加一项编码号内容。也就是在问卷主题内容的右边的空白顺序编上 1，2，3……的号码（中间用一条竖线分开），用以填写答案。问卷有多少种答案，就要有多少个编码号。如果 1 个问题有 1 个答案，就占用 1 个编码号；如果 1 个问题有 3 种答案，则需要占用 3 个编码号。

5. 致谢语

为了表示对调查对象真诚合作的谢意，研究者应当在问卷的末端写上感谢的话，如果前面的说明已经有表示感谢的话语，那末端可不用。

6. 实验记录

实验记录是用以记录调查完成的情况和需要复查、校订的问题，其格式和要求都比较灵活。调查访问员和校查者均需在上面签写姓名和日期。

6.2.3 调查问卷设计的基本要求和步骤

1. 调查问卷设计的基本要求

一份完善的问卷调查表应能从形式和内容方面同时取胜。

从形式上看，要求版面整齐、美观，便于阅读和作答，这是总体上的要求。具体的版式设计、版面风格与版面要求，要根据调查对象的知识层次、阅读习惯等要素综合考虑。

从内容上看，一份好的问卷调查表至少应该满足以下几方面的要求：

（1）问题具体，表述清楚，重点突出，整体结构好。

（2）确保问卷能完成调查任务与目的。

（3）调查问卷应该保持正确的政治方向，把握正确的舆论导向，注意可能对群众造成的影响。

（4）便于统计整理。

2. 调查问卷设计的步骤

问卷设计是由一系列相关的工作过程构成的。为使问卷具有科学性、规范性和可行性，一般有以下七个步骤：

步骤一　确定调查目的、调查对象。确定为什么要调查，通过这次调研创业者想获得什么样的信息，这些信息从哪里获得，调查对象有哪些特征。

步骤二　确定数据收集方法。获得调查数据可以有多种方法，包括人员访问、电话调查、邮寄调查和自我管理访问等。每一种方法对问卷设计都有影响。

步骤三　确定问题提问形式。问题类型有开放式问题、封闭式问题、量表应答式问题等。

步骤四　提问和答案的设计。一旦确定了提问类型，下一步就是设计问题和答案选项。设计问题和答案时要遵循多方面要求，诸如要定义清楚所讨论的主题，用词要清楚、简单、通俗易懂，避免对应答者产生诱导，要考虑到调查对象回答问题的能力，避免一问多答，避免所提出的问题与答案不一致，等等。

步骤五　优化问卷编排。在系统阐述问题后，下一步就是将其排序并形成编排的问卷。同样的问题，安排合理有利于有效获得信息。这里有一些经验可以借鉴：问题的编排应具有逻辑性，符合人们的思维习惯；问题的编排应先易后难，有利于调查对象把问卷做完；敏感性问题、开放性问题和背景问题置于最后。

步骤六　预调查并修改。将编排好的问卷用于小规模的调查，及时发现问卷设计中存在的问题并加以修改，避免将来大规模的返工，以免浪费时间、精力和金钱。

步骤七　准备好最后的问卷。将预调查后删除、修改后的问卷进行整理，编制出付诸实施的问卷，将问卷印刷出来，准备实施调研。

6.3　调查问卷分析

6.3.1　调查数据的整理

在分析调查问卷之前，先对调查数据进行整理。首先要对调查获取的信息进行检验，剔除无效信息，然后对信息进行分类和统计。

1. 数据有效性鉴别

调查数据整理的第一项工作是对调查所获得的信息进行有效性鉴别。具体来说，要通过适当的鉴别程序、鉴别方法和鉴别标准来进行。例如，检查是否有字迹不清的问卷和没按规定填写的问卷等。实际上，一般只要具备无效问卷的一项特征，该问卷就应当被视为无效问卷了。

2. 计数统计

调查数据整理的第二项工作就是计数统计。计数统计是在数据有效性鉴别的基础上，根据问卷设计将问卷结果进行分类统计数量，再进行相应的百分比计算和平均数计算。有些情况下，也可以用图形的方式来显示统计结果。

3. 非数量化信息的整理

对非标准化的调查，同样也需要对调查获得的信息进行整理，其基本思路也是首先对信息进行分类整理，然后提炼出有价值的信息。例如，针对某种新服务模式的调查，可能会出现赞同、不赞同和建议三种观点，在信息整理的时候就需要提炼出这三种观点的依据，为后面的分析奠定基础。对于建议意见，则要列出被调查者所提出的各种措施，对相似措施可以加以合并。

6.3.2 调查数据的研究分析

调查数据的研究分析就是利用整理后的数据进行相关性分析和预测，得出各种有价值的数据或观点。调查数据的研究分析一般包括相关性分析、预测性分析和市场调查结论分析。

1. 相关性分析

所谓相关性分析，就是利用调查获得的信息来探究被调查者的各种特征之间是否存在关联。常见的关联有因果关系、正（负）相关关系、指数关系等。相关性分析的基本方法有对比法和图示法两种。

（1）对比法。对比法是依据被调查者的某一基本信息，把调查对象分成两部分或多部分，然后比较这些部分在回答事实性问题或态度性问题中的差异，从而推断出该信息与所研究的事实或观点之间是否存在相关性。例如，曾经有一个创业团队在他们的调查数据中发现一个人的学历与上网娱乐之间存在相关性。该调查首先是把调查对象按学历划成高中以上、高中及以下两个群体，结果发现高中及以下学历群体喜欢以上网为娱乐方式的人数比例要显著低于高中以上学历人群。

（2）图示法。图示法是在通过对比发现差异的基础上，进一步研究差异中所体现的规律，给出两个要素之间更明确的相关关系。因此，图示法一般要求两个要素有相对应的系列数据，以判断两者之间的关系变化趋势。图示法一般需要运用 Excel、SPSS、Stata 等软件操作。

2. 预测性分析

（1）以样本预测总体。以样本预测总体是市场调研预测中最基本的思路和方法，也是很多其他预测方法的基础。对于目标调查者数量庞大的项目，逐个调查不但存在成本高、操作困难的问题，而且从某种意义上来说也不必要，这时就可以通过对其中某一部分调查对象的分析来推断总体情况。在了解某一产品的市场需求量或者目前的市场保有量的过程中，以样本预测总体是最常用的方法。

（2）回归预测。回归预测是利用需要预测的数据与其他要素数值之间的相关关系进行预测的方法。该方法需要采用适当的数学模型计算出各要素的较为精确的相关关系。以某一饮料的销售量预测为例：通过调查发现，这种饮料每个月的销售量与其辐射范围内的人口数量、人均收入、广告费用等存在相关关系。在获得该饮料 20 个月的销售量和广告费之后，就可以通过适当的数学模型计算出它们的关系。

（3）时间序列法。时间序列法是利用某些调研指标与时间的关联关系，在已知该指标历史数据的情况下，根据其历史数据随时间的变化趋势来预测该指标将来值的方法。依据预测指标的具体特点和历史数据的变化情况，可以选择简单平均法、移动平均法、指数平滑法或趋势延伸法等进行预测。

3. 市场调查结论分析

在前面所介绍的计划、调查、分析、预测的基础上，甚至是在形成一定的结论和观点的基础上，还需要结合调研目的提出相应的解决问题的对策和建议，或者直接做出相应决策。当然，在形成对策和建议之前，还有一项基本工作，就是对整个调查过程和调查结果进行总体评价，判断调研结果是否足以支撑相应决策，如果信息数量不足或者有效性不够，可能还需要进行一些补充调研。对于创业项目来说，市场调研至少要在企业规模、产品价格、销售渠道、促销突破口、创业项目财务可行性等方面给出相应的对策和建议。

课后习题

1. 简述市场调查的功能与作用。
2. 简述市场调查的方法和步骤。
3. 简述调查问卷的设计要求与步骤。
4. 简述调查数据的研究分析方法。
5. 论述市场调查的内容。

第7章

产品开发与设计

★学习目标

1. 掌握产品创新的内涵、类型和基本模式。
2. 掌握产品开发的内涵、影响因素和基本流程。
3. 掌握产品设计的概念、要求、流程和方法。
4. 熟悉知识产权的概念、分类和知识产权保护。

★导入案例

据估计，世界知名住宿租赁服务网站 Airbnb 到 2020 年市值将达到 100 亿美元。2014 年，该公司创造了 9 亿美元的利润。2007 年，在乔·杰比亚和布莱恩·切斯基搬到旧金山不久后，当地正好要召开一个设计师会议，二人便产生了将公寓以较低价格出租给与会人员的想法。二人拍摄了自己的公寓照片，并将公寓照片放在网上，不久就找到了愿意入住的客户。房屋内提供气床和自制早餐，这也正是“Airbnb”这个名称的由来，即“Airbed & Breakfast”（气床与早餐）。对于最简可行产品而言，这个例子非常具有代表性：在他们刚刚开启这种经营模式的时候，他们仅用到了照片和普通网站，所有工作都是个人手动完成的。在公司创立的初始阶段，他们将重点放在了较高规格的会议上，因为大型会议期间旧金山的酒店往往非常紧缺。通过最简可行产品，杰比亚和切斯基找到了潜在用户需要的基本服务。

案例思考：请分析产品的层次。

7.1 产品创新

一家企业要在激烈的市场竞争中获取一席之地，就必须不断进行产品开发和产品创新。

创新已经成为企业竞争优势的源泉。

7.1.1　产品创新的内涵

约瑟夫·熊彼特在其《经济发展概论》中将创新定义为把一种新的生产要素和生产条件的“新结合”引入生产体系。它包括五种情况：引入一种新产品；引入一种新的生产方法；开辟一个新的市场；获得原材料或半成品的一种新的供应来源；新的组织形式。其概念包含的范围很广，既涉及技术性变化的产品创新，也包括非技术性变化的组织创新。

本章所指的产品创新，既包括企业提供某种新产品或新服务，也包括企业生产和传输产品或服务的新形式。我们认为，产品创新是把任何一种新的生产要素或者生产条件引入生产系统，使产品的核心价值、形式或者附加价值发生改变，为企业创造新的市场需求的过程。

7.1.2　产品创新的类型

根据创新对原消费模式的影响，产品创新可分为以下几种：

1. 连续创新

连续创新模式下的创新产品同原有产品相比，只有细微差异，对原消费模式的影响也十分有限。消费者购买新产品后，可以按原来的方式使用并满足同样的需求。

2. 非连续创新

非连续创新是指引进和使用新技术、新原理的创新。它是创新的另一个极端，要求消费者必须重新学习和认识创新产品，彻底改进原有的消费模式。例如，汽车、电子计算机、电视机等都是20世纪典型的非连续创新。

3. 动态连续创新

动态连续创新是指介于连续创新和非连续创新之间的创新，它要求对原有的消费模式加以改变，但不是彻底打破。例如，洗衣机、微波炉、VCD等产品就属于动态连续创新。

7.1.3　产品创新的基本模式

与企业产品创新密切相关的主要因素是消费者的需求、市场竞争态势以及科学技术发展水平。据此，现代企业产品创新的主要模式包括消费者驱动模式、技术驱动模式和竞争驱动模式。

1. 产品创新的消费者驱动模式

从事创新工作的人都有一个深刻的体会，即市场需求是产品创新之母。因此，企业在开发新产品之前，应该以市场需求为基础，确定创新的课题，发掘新产品，这是企业经营是否以市场为导向的一个根本体现。产品创新的消费者驱动模式是指新产品设想来源于市场的需求，所形成的概念、样品等再经消费者鉴别和筛选，最终开发出受市场欢迎的新产品的模式。这是一种最普遍的产品创新模式。在这种模式中，市场既是起点又是终点，技术开发和工艺开发都围绕着满足消费者需求而展开。由于这种创新的目标明确，创新的过程清晰，因此风险较小，应用面极广。当然，来自市场的创意一般只是改进型创意和完善型创意，创新的程度多为适应，首创较为少见。消费者驱动模式所创造出来的新产品是需求拉动型新产品。

2. 产品创新的技术驱动模式

技术创新是产品创新的基础，即使新产品的设想来源于市场需求，要把设想变为现实，把概念转化为新产品都必须以技术的某种形式的创新为支撑。可以说，没有技术创新就不可能出现产品创新。如果产品创新过程起源于某种技术变革，那么这种创新就属于技术驱动的创新模式。产品创新的技术驱动模式是指创新设想来源于新技术和实验室，通过筛选评价尤其是商业前景的分析后开发出具有先驱性的新产品的创新模式。由这种模式创造出来的新产品一般是首创，投放市场的时机总是选择率先进入。技术进步是人类社会发展的基本动力，技术驱动模式也是产品创新的最基础的模式。由该模式创造出来的新产品属于技术推动型新产品，其开发风险较大，开发中可能遇到的困难最多，但一旦成功，所获取的收益也最大。这里所说的技术主要指科学技术，同时也包括生产技术、营销技术等。不同技术的开发难度不同，如果是科学技术驱动，必然涉及产品的原理、结构的改变，开发困难不仅在于技术和生产方面的问题，而且涉及创造市场需求的问题。因此，运用技术驱动模式的关键，是要在技术进步与市场需求之间建立起沟通的桥梁，要通过新产品去发掘潜在的市场需求，去创造新的市场需求。

3. 产品创新的竞争驱动模式

产品创新是企业进行市场竞争的主要手段之一。运用产品创新参与竞争有两种思路：一是主动出击，即通过主动创造新产品来夺取市场份额，以取得期望的发展水平，动用产品开发的消费者驱动模式和技术驱动模式都属于主动出击；二是被动适应，即为了不被竞争对手挤出现有的市场而开发新产品。这里所谈的产品创新的竞争驱动模式就是一种被动适应的开发模式，但有时也是极为奏效的创新模式。产品创新的竞争驱动模式是指创新设想来源于竞争对手，通过对竞争对手的新产品进行模仿或改进而开发出具有竞争力的新产品的模式，这也是一种常见的新产品开发模式。从内容上看，竞争驱动模式并无特殊之处，无非是创意来源不同。它要求把竞争对手作为学习的楷模，强调“知己知彼，百战不殆”。日本人在运用这一模式方面堪称绝妙之至，电视机、照相机、电冰箱等许多现代科技产品都起源于美国和欧洲，但完善于日本，并为日本的经济腾飞做出了巨大贡献。

7.1.4 产品创新与发明的区别

发明是应用自然规律解决技术领域中特有问题而提出创新性方案、措施的过程和成果。产品之所以被发明出来是为了满足人们日常生活的需要。发明的成果或是提供前所未有的人工自然物模型，或是提供加工制作的新工艺、新方法。机器设备、仪表装备和各种消费用品以及有关制造工艺、生产流程和检测控制方法的创新和改造，均属于发明。例如，爱迪生的电灯、莱特兄弟的飞机、戴尔的直接交货方式、亚马逊的网上售货等都属于发明。发明可能是个人研究的产物，也可能是团队合作的结果。

从创业角度看，产品创新是受用户驱动和市场检验的，而不是受发明驱动和专家检验的。产品创新是对用户需求和愿望的综合回应，一款成功的产品需要将技术作为可以被使用、被渴望并且有用的产品或服务，并完整地传递给用户。因此，对于试图创业的人来说，面临的挑战不是急于开发某项技术，而是提供更加完整的解决方案以满足用户的需求，提供更能够对社会环境、经济和技术变化及时响应的产品或服务。要达到这个目的，不仅仅需要发明，还需要一个从想法、设计、开发到市场的过程，这就是产品开发过程。

★知识链接

在知识产权领域，发明是指《专利法》所保护的发明创造中的一种专利类型，是指对产品、方法或其改进所提出的新的技术方案。在专利领域中的发明有其规定的保护对象或者说保护客体。

7.2　产品开发

7.2.1　产品开发的内涵

产品开发是指个人、科研机构、企业、学校、金融机构等创造性研制新产品或者改良原有产品的过程。产品开发的方法有发明、组合、减除、技术革新、商业模式创新或改革等。例如，电灯的发明、汽车设计的更新换代、饮食方式的创新、洗发水增加去头屑功能、变频空调等。另外，美国次贷产品，也是种金融产品的开发，即使是失败的，仍属于产品开发的范畴。

7.2.2　产品开发的影响因素

产品开发应选择那些能够顺应并且满足客户需求的产品样式，同时又能够为企业带来收益和利润，使企业一直保持市场的竞争优势。产品开发应当考虑以下几种因素：

（1）产品的市场潜力。

（2）产品的收益性。

（3）综合考虑市场的容量、设计并开发出的产品能否具有竞争优势，以及市场竞争弱点，选择有利于发挥企业核心技术优势的产品进行设计开发。

（4）考虑可利用的资源条件以及开发设计的产品的材质、工艺、便利程度、经济性和环保性。

（5）充分地考虑根据现有的技术水平和生产能力，产品能否被制作出来。如果设计的产品没有考虑它的工艺和现有生产能力，那么设计的产品只能是“纸上谈兵”。

（6）经销能力、销售渠道、市场的服务能力。

（7）国家政策、法律法规等。

7.2.3　产品开发的基本流程

产品开发的基本流程包括以下六个阶段：

阶段一　计划。计划经常被作为“零阶段”。这是因为它先于项目的达成和实际产品开发过程的启动。这一阶段始于公司策略，包括对技术开发和市场目标的评估。计划阶段的成果是对项目任务的陈述，即定义产品的目标市场、商业目标、关键假设和限制条件。

阶段二　概念开发。概念开发阶段的主要任务是识别目标市场的需要，产生并评估可替代的产品概念。概念是指产品形状、功能和特性的描述，通常附有一套专业名词、竞争产品分析和项目的经济分析。

阶段三　系统水平设计。系统水平设计阶段包括产品结构的定义以及产品子系统和部件的划分。生产系统的最终装配计划也通常在此阶段定义。该阶段的产出通常是产品的几何设计、每一个产品子系统的功能专门化，以及最终装配过程的基本流程图。

阶段四　细节设计。细节设计阶段包括产品的所有非标准部件与从供应商处购买的标准部件的尺寸、材料和公差的完整细目。该阶段的产出是产品的控制文档，即描述每一部件的几何形状和制造工具的图纸和计算机文件、购买部件的细目，以及产品制造和装配的流程计划。

阶段五　测试和改进。测试和改进阶段包括产品的多个生产前版本的构建和评估。早期 α 原型通常由生产指向型部件构成，即那些和产品的生产版本有相同几何形状和材料内质，但又不必在生产的实际流程中制造的部件。要对 α 原型进行测试以决定产品是否如设计的那样工作以及产品是否能满足主要顾客的需要。后期 β 原型通常由目标生产流程提供的部件构成，但不必用目标最终装配流程来装配。通常要对 β 原型进行广泛的内部评估，消费者也会在他们自己的使用环境下对它进行典型测试。β 原型的目的通常是回答绩效和可靠性问题，从而识别最终产品的必要性变化。

阶段六　产品推出。在产品推出阶段，应小规模生产产品并推入市场进行试用。试用的目的是培训工人和解决在生产流程中遗留的问题。有时把在此阶段生产出的物品提供给有偏好的顾客仔细对其进行评估，以识别出一些遗留的缺陷。从产品推出到连续生产的转变通常是逐渐进行的。

7.3　产品设计

产品设计并不仅仅是产品外观的设计。一些人认为，产品要实用，因此设计产品首先考虑的是功能，其次才是形状；而另外一些人认为，设计应该是丰富多彩、异想天开和使人感到有趣的。因而，产品设计既要迎合用户，又要为企业带来效益。

7.3.1　产品设计的概念

产品设计是一个创造性的综合信息处理过程，通过多种元素（如线条、符号、数字、色彩等）的组合把产品的形状以平面或立体的形式展现出来。它是将人的某种目的或需要转换为一个具体的物品或工具的过程；是把一种计划、规划设想、问题解决的方法通过具体的操作，以理想的形式表达出来的过程。

由于产品设计阶段要全面确定整个产品策略、外观、结构、功能，从而确定整个生产系统的布局，因而产品设计具有“牵一发而动全局”的重要意义。如果一个产品的设计缺乏生产成本意识，那么生产时就将耗费大量费用来调整和更换设备、物料和劳动力。相反，好的产品设计，不仅表现在功能上的优越性，而且便于制造、生产成本低，从而使产品的综合竞争力得以增强。许多在市场竞争中占优势的企业都十分注意产品设计的细节，以便设计出造价低而又具有独特功能的产品。

在产品设计过程中，值得一提的一个概念是最简可行产品。所谓最简可行产品是指在产品设计和开发当中只具备最基本功能的产品，而这些最基本的功能又能够为产品及其后续开发提供足够且有效研究的基础。该概念最早由弗兰克·罗宾逊提出，旨在解决产品开发尤其是产品初次发布中的问题。在很多产业中，减少产品功能会让开发、测试和生产成本大幅降低，因此将产品功能简化会让投入和产出的比例更加合理。但是，产品功能过少，可能导致以后投向市场失败；而产品功能过于复杂又会导致收益率降低。因而，产品“最简”到底需要简化到什么程度，也是需要开发团队仔细斟酌和把握的。

7.3.2　产品设计的要求

一项成功的产品设计，应满足多方面的要求。这些要求，有社会发展方面的，有产品功能、质量、效益方面的，也有使用方面或制造工艺方面的。设计人员要综合考虑这些要求。

1. 社会发展要求

设计和试制新产品，必须以满足社会需要为前提。这里的社会需要不仅是眼前的社会需要，而且要看到较长时期的社会发展需要。为了满足社会发展的需要，开发先进的产品，加速技术进步是关键。为此，必须加强对国内外技术发展的调查研究，尽可能吸收世界先进技术。有计划、有选择、有重点地引进世界先进技术和产品，有利于赢得时间、尽快填补技术空白、培养人才和取得经济效益。

2. 经济效益要求

设计和试制新产品的主要目的之一，是为了满足市场不断变化的需求，以获得更好的经济效益。好的设计可以解决顾客所关心的各种问题，如产品功能如何、手感如何、是否容易装配、能否重复利用、产品质量如何等；同时，好的设计可以节约能源和原材料，提高劳动生产率，降低成本等。所以，在设计产品结构时，一是要考虑产品的功能、质量；二是要顾及原料和制造成本的经济性；三是要考虑产品是否具有批量生产的可能性。

3. 使用要求

新产品要想得到社会的认可，并取得经济效益，就必须从市场和用户需要出发，充分满足用户的使用要求，这是对产品设计的起码要求。主要包括以下几个方面：

①使用的安全性。设计产品时，必须对产品使用过程的种种不安全因素采取有力措施，并加以防护。同时，设计还要考虑产品的人机工程性能。

②使用的可靠性。可靠性是指产品在规定的时间内和预定的使用条件下正常工作的概率。可靠性与安全性相关联。可靠性差的产品，会给用户带来不便，甚至造成生命危险，使企业信誉受到损失。

③使用的便利性。对于民用产品（如家电等），产品使用的便利性十分重要。

④美观的外形和良好的包装。产品设计还要考虑和产品有关的美学问题，以及产品外形和使用环境、用户特点等的关系，尽可能设计出用户喜爱的产品，提高产品的欣赏价值。

4. 制造工艺要求

生产工艺对产品设计的最基本要求就是产品结构应符合工艺原则，也就是在规定的产量规模条件下，能采用经济的加工方法，制造出合乎质量要求的产品。这就要求所设计的产品结构能够最大限度地降低产品制造的劳动量，减轻产品的重量，减少材料消耗，缩短生产周期。

7.3.3 产品设计的流程

典型的产品设计过程包含四个阶段：概念开发和产品规划阶段、详细设计阶段、小规模生产阶段、增量生产阶段。

1. 概念开发和产品规划阶段

在概念开发与产品规划阶段，将有关市场机会、竞争力、技术可行性、生产需求的信息综合起来，确定新产品的设计方案框架。这包括新产品的概念设计、目标市场、期望性能的水平、投资需求与财务影响。在决定某一新产品是否开发之前，企业还可以通过小规模实验对概念、观点进行验证。实验包括样品制作和征求潜在顾客意见。

2. 详细设计阶段

一旦产品设计方案通过，新产品项目便转入详细设计阶段。该阶段基本活动是产品原型的设计与构造以及商业生产中所使用工具与设备的开发。

详细设计阶段的核心是“设计—建立—测试”循环。所需的产品与过程都要从概念上定义，而且体现于产品原型中，接着应对产品的模拟使用进行测试。如果原型不能体现期望性能特征，工程师则应寻求设计改进以弥补这一差异，重复进行“设计—建立—测试”循环。详细设计阶段的结束以产品的最终设计达到规定的技术要求并签字认可作为标志。

3. 小规模生产阶段

在小规模生产阶段，在生产设备上加工与测试的单个零件已装配在一起，并作为一个系统在工厂内接受测试。在小规模生产中，应生产一定数量的产品，也应当测试新的或改进的生产过程应付商业生产的能力。正是在产品开发过程中的这一时刻，整个系统（设计、详细设计、工具与设备、零部件、装配顺序、生产监理、操作工、技术员）组合在一起。

4. 增量生产阶段

在增量生产阶段中，开始是在一个相对较低的数量水平上进行生产；当组织对自己的连续生产能力及市场销售产品能力的信心增强时，产量开始增加。

7.3.4 产品设计的方法

1. 组合设计

组合设计又称模块化设计，是将产品统一功能的单元设计成具有不同用途或不同性能的可以互换选用的模块式组件，以便更好地满足用户需要的一种设计方法。当前，模块式组件已广泛应用于各种产品设计中，并从制造相同类型的产品发展到制造不同类型的产品。组合设计的核心是要设计一系列的模块式组件，为此要从功能单元上，对几个模块式组件应包含多少零件、组件和部件，以及在组合设计时每种模块式组件需要多少等进行研究。

在面临竞争日益加剧、市场分割争夺异常激烈的情况下，仅仅生产一种产品的企业是很难生存的。因此，大多数制造厂家都生产很多品种的产品。这不仅对企业生产系统的适应能力提出新的要求，而且显然会影响产品设计的方式。生产管理的任务之一，就是要寻求新的途径，使企业的系列产品能以最低的成本设计并生产出来。而组合设计则是解决这个问题的有效方法之一。

2. 计算机辅助设计

计算机辅助设计是运用计算机的能力来完成产品和工序的设计。其主要职能是设计计算和计算机制图。设计计算是指利用计算机进行机械设计时所进行的基于工程和科学规律的计算，以及在设计产品的内部结构时，为使某些性能参数或目标达到最优而应用优化技术所进行的计算。计算机制图则是通过图形处理系统来完成，在这一系统中，操作人员只需把所需图形的形状、尺寸和位置的命令输入计算机，计算机就可以自动完成图形设计。

3. 面向可制造与可装配的设计

面向可制造与可装配的设计，是指在产品设计阶段设计师与制造工程师进行协商探讨，避免因传统的设计过程之中“我设计，你制造”的方式而引起的各种生产和装配问题，以及因此产生的额外费用的增加和最终产品交付使用的延误。

7.4　知识产权

★应用案例

IP赢家，5年身价暴涨10亿元

2015年，《琅琊榜》火了，《芈月传》也火了。很难想象，这两部在2015年红透了中国，又被日本、韩国引进的作品竟出自同一家公司。更让人没有想到的是，这家公司的创始人柯利明，竟然是一个“80后”的金融研究生。该公司创立5年，目前估值已达27亿元。

1982年出生的柯利明曾在香港一家对冲基金管理公司担任高级分析师。刚刚进入影视行业的柯利明没有资源，没有人脉，也没有钱。作为一个影视剧产业的“三无”人员，柯利明选择了当时受“80后”喜爱的网络小说进行改编。而那时国内大部分影视剧制片人的版权意识不强，于是，他成立了“儒意图书”公司，专门购买了大量畅销书的版权。柯利明此举奠定了后来的基础，如今畅销书版权已成为行业共识，价格比几年前翻了近百倍。谁能想到，当时柯利明购买一部热门作品的影视剧改编权只不过花了5万元而已。

案例思考：请分析“儒意图书”公司身价暴涨的原因。

在信息日益发达的今天，产品开发设计出来后很容易被竞争对手模仿剽窃，产品创新可能失败，甚至导致企业在竞争中失败。因而，越来越多的企业开始注重知识产权保护。

7.4.1　知识产权的概念

知识产权，其原意为“知识所有权”或者“智慧所有权”。知识产权指公民或法人依据法律规定，对其在科学、技术、文学、艺术等领域从事智力活动创造的知识产品享有的权利。知识产权是一种无形财产权，它与房屋等有形财产一样，都受到国家法律的保护。

知识产权的出现为智力成果提供了法律保障，有助于智力成果转化为生产力并产生巨大的经济和社会效益，促进人类文明进步。因此，许多国家，尤其是发达国家，已把知识产权保护提升到国家大政方针和发展战略的宏观高度，把加强知识产权保护作为一项重要战略措施。科技创新需要激发全社会的创新活力，营造创新的社会氛围，而知识产权保护为创新撑起了一把保护伞。知识产权保护意识是创业团队应具备的基本素质。

7.4.2 知识产权的分类

目前可以将知识产权分为两大类：第一类是以保护人在文化、产业各方面的智力创作活动为内容的，包括著作权和专利权；第二类是以保护产业活动中的识别标志为内容的，包括商标权、商号权等。前一类又可分为以保护和促进精神文化为主的著作权与以保护和促进物质文化为主的专利权。

但是在实际上，1883 年的《保护工业产权巴黎公约》已经有了关于“工业产权”的规定，即工业产权保护的对象有专利、实用新型、工业品外观设计、商标、服务标志、厂商名称、产地标志或原产地名称和制止不正当竞争。所以一般又把知识产权分为著作权与工业产权两大类，在工业产权之下又分为专利权、商标权、商号权等。这种分法也有道理。工业产权是涉及“产业”的，而著作权没有。

由于科学技术的进步，应受法律保护的人类智能产物日益增多，知识产权的保护范围也逐渐扩大。例如，受保护对象又增加了版面设计、计算机软件、专有技术、集成电路等。所以知识产权是一个尚在扩大的一类权利的总称。我国的知识产权主要有以下几种类型：

（1）著作权和邻接权。著作权，又称版权，是指文学、艺术和科学作品的作者及其相关主体依法对作品所享有的人身权利和财产权利。邻接权在著作权法中被称为“与著作权有关的权益”。

（2）专利权，即自然人、法人或其他组织依法对发明、实用新型和外观设计在一定期限内享有的独占实施权。

（3）商标权，即商标注册人或权利继受人在法定期限内对注册商标依法享有的各种权利。

（4）商业秘密权，即民事主体对属于商业秘密的技术信息或经营信息依法享有的专有权利。

（5）植物新品种权，即完成育种的单位或个人对其授权的品种依法享有的排他使用权。

（6）集成电路布图设计权，即自然人、法人或其他组织依法对集成电路布图设计享有的专有权。

（7）商号权，即商事主体对商号在一定地域范围内依法享有的独占使用权。

对于科技成果奖励权、地理标志权、域名权、反不正当竞争权、数据库特别权、商品化权等能否成为独立的知识产权，在理论界存在较大分歧。

7.4.3 知识产权保护

知识产权保护，在政府层面上是指政府进行知识产权立法、确权、审查授权、防止侵权和打击侵权等执法的全过程；在企事业层面指权利人根据相关法律法规防止自己的知识产权被侵权，以及被侵权后采用行政手段或司法手段进行维权和获取经济补偿的行为。例如，保护专利权，首先要明确专利权属，其次对专利申请进行审查和授权，最后是防止侵权和打击侵权。

课后习题

1. 简述产品创新的基本模式。
2. 简述产品创新的内涵和类型。
3. 简述产品创新与发明的区别。
4. 简述产品设计的方法。
5. 论述产品开发应考虑的因素。
6. 论述产品设计的要求与流程。

第8章

商业模式设计

★学习目标

1. 掌握商业模式的概念、构成要素和基本特征。
2. 熟悉商业模式的类型。
3. 掌握商业模式设计的方法和工具。

★导入案例

四川航空股份有限公司（简称川航）是一家传统企业，但它推出的一种商业模式让其他几大航空公司望尘莫及——搭乘川航的乘客可以乘坐免费车辆进入市区。但川航在这个过程中一分钱都没花，甚至还赚了钱，原因就是它做了一件事——众筹，利用互联网的聚集优势"以小博大"，通过搭建平台、整合资源，实现资源利用的最大化。

互联网思维是如何改变这个传统行业呢？"免费车辆"的市场售价是14.8万元，川航一次性订购150辆，并且承诺：每个驾驶员都会给该品牌的汽车做宣传并销售，最终以9万元每辆的价格拿到手。紧接着，川航把这些车以17万元每辆的价格卖给出租车驾驶员。对于出租车驾驶员来说，虽然贵了两三万元，但川航承诺其每天固定跑一条线路，每载一个乘客，川航付给他25元。由于客源、收入稳定，汽车的所有权还属于自己，驾驶员们都很乐意出这笔钱。

案例思考：请分析四川航空股份有限公司所推商业模式的优缺点。

8.1 商业模式概述

彼得·德鲁克说，"当今企业之间的竞争，不是产品之间的竞争，而是商业模式之间的竞争”。商业模式已经成为创业者十分关注的一个名词。几乎每一个创业者都确信，有了一个好的商业模式，成功就有了一半的保证。那么，到底什么是商业模式，它包含什么要素，又有哪些常见的类型呢？

8.1.1 商业模式的概念

“商业模式”这个概念最早出现于 1957 年，之后并没有引起人们太大的注意。直到 20 世纪 90 年代，随着互联网时代的到来和电子商务的蓬勃发展，商业模式逐渐引起了学者的关注，成为当代管理学研究和讨论的热点之一，同时也逐渐被创业者、企业家和风险投资者津津乐道。然而，关于商业模式的概念，并没有形成一个公认的或统一的定义。我们采用国内学者李振勇关于商业模式的定义，即：为实现客户价值最大化，把能使企业运行的内外各要素整合起来，形成一个完整、高效率、具有独特核心竞争力的运行系统，并通过最优实现形式满足客户需求、实现客户价值，同时使系统达成持续盈利目标的整体解决方案。

商业模式本质上是企业为客户创造并传递价值，使客户感受并享受到企业为其创造的价值，反映的是利益相关者之间的交易关系。创业企业如果缺少这套逻辑或者是构思的商业模式效力不足，则创企业未来既难以为客户创造价值，也难以向客户传递价值，更难以为自身赢得利润。

实际上，当要准备创业或正在创业时，只要能回答以下三个问题，并清晰地解决问题背后的商业逻辑，就能够定义好一个商业模式。即使完全不知道关于商业模式的定义，也完全可以设计出自己的商业模式。

问题 1：彼得 · 德鲁克问：谁是用户？用户需要什么？

问题 2：管理者问：如何通过商业活动获得经济效益？企业能够为用户提供价值的潜在逻辑是什么？

问题 3：创业者问：我们凭什么创业？如何才能创业成功？

8.1.2 商业模式的构成要素

“客户价值最大化”“整合”“高效率”“系统”“持续盈利”“实现形式”“核心竞争力”“整体解决”这八个关键词构成了成功商业模式的八个要素，缺一不可。其中，“整合”“高效率”“系统”是基础或先决条件，“核心竞争力”是手段，“客户价值最大化”是主观追求目标，“持续盈利”是客观结果。各要素具体逻辑关系如图 8-1 所示。

8.1.3 商业模式的基本特征

商业模式具有以下两个基本特征：

（1）商业模式是一个整体的、系统的概念，而不仅仅是一个单一的组成要素。例如，收入模式（广告收入、注册费、服务费），向客户提供的价值（价格方面、质量方面），组织架构（自成体系的业务单元）等，这些都是商业模式的重要组成部分，但并非全部。

（2）商业模式的组成部分之间必须有内在联系，这个内在联系把各组成部分有机地关联起来，使它们互相支持，共同作用，形成一个良性的循环。

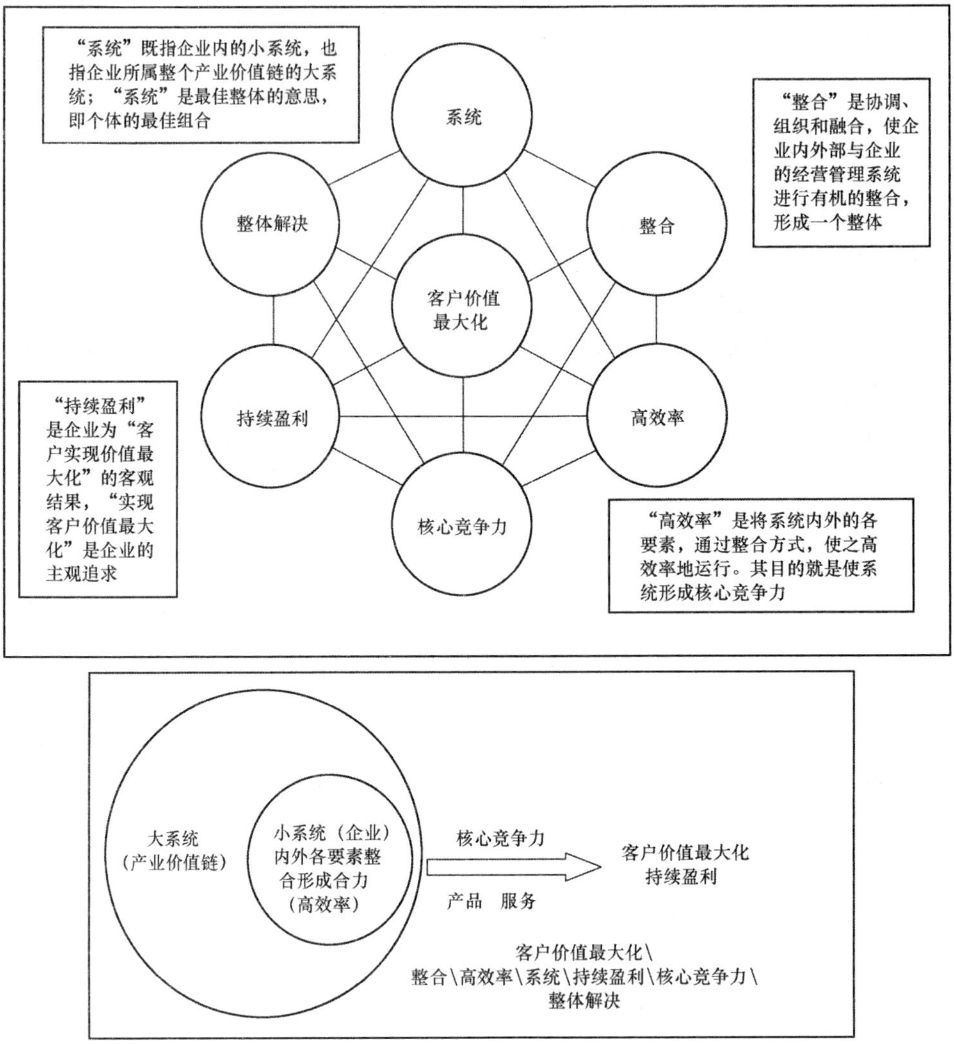

图 8-1　成功商业模式各要素逻辑关系图

8.2　商业模式类型

8.2.1　多边平台式商业模式

多边平台式商业模式是一种具有普遍性的商业模式，传统的农贸市场就是典型的多边平台式商业模式，表现为某个机构提供一个固定场所，为到这个场所交易的多个购买者和销售者提供相应的服务，以此获得利润。这个平台上至少有平台机构、销售者和购买者三方参与。在很长时间里，这种模式并没有引起人们的过多关注，随着信息技术的发展，这种平台有了新的表现形式——基于互联网的交易平台，并得到迅猛发展。多边平台式商业模式日益成为这个时代重要的商业模式。百度、淘宝、微信、京东、当当网等都是利用现代信息技术发展起来的多边平台式商业模式的经典案例。

多边平台将两个或两个以上有明显区别但又相互依赖的客户群体集合在一起，通过促进各方客户群体共同互动来为参与各方创造价值。多边平台是连接各方客户的中介，其成功的关键是必须能同时吸引和服务所有客户群体并以此来创造价值。例如，淘宝网连接了商家、消费者、广告商、金融机构等多方参与者，能同时满足这些参与者交易的需要、资金安全的需要、信息分析的需要，因而获得巨大的成功。多边平台需要不断吸引更多用户的参与，使平台价值得到提升。

8.2.2 长尾式商业模式

长尾市场也称之为利基市场。“利基”一词是英文“Niche”的音译，有拾遗补阙或见缝插针的意思。菲利普·科特勒在《营销管理》中给利基的定义为：利基是更窄地确定某些群体，这是一个小市场并且它的需要没有被服务好，或者说“有获取利益的基础”。通过对市场的细分，企业集中力量于某个特定的目标市场，或严格针对一个细分市场，或重点经营一个产品和服务，创造出产品和服务优势。

传统商业观念认为，企业只能面向大众用户大批量提供少数几种产品，通过规模效应降低成本和价格，以大批量的销售获得利润。随着信息技术的发展，物流和供应链技术与管理水平的提升，现在为利基市场即“长尾市场”提供种类多而数量少的产品，也能够取得与追求规模化销售、为大众市场服务的企业一样甚至更高的盈利水平。

长尾理论最早由克里斯·安德森于2004年提出，用来描述诸如亚马逊和Netflix之类网站的商业和经济模式。过去人们只能关注重要的人或重要的事，如果用正态分布曲线来描绘这些人或事，人们只能关注曲线的“头部”，而将处于曲线“尾部”、需要更多精力和成本才能关注到的大多数人或事忽略。例如，在销售产品时，厂商关注的是少数几个所谓的“VIP”客户，“无暇顾及”大多数的普通消费者。而在网络时代，由于关注的成本大大降低，人们有可能以很低的成本关注正态分布曲线的“尾部”，关注“尾部”产生的总体效益甚至会超过“头部”。例如，某著名网站是世界上最大的网络广告商，它没有一个大客户，收入完全来自被其他广告商忽略的中小企业。安德森认为，网络时代是关注“长尾”、发挥“长尾”效益的时代。

安德森认为，长尾经济有以下六个特点：

（1）在任何市场中，利基产品都远远多于热门产品，而且由于技术的发展，利基产品的比重以指数级速度增长。

（2）获得利基产品的成本正在显著下降，且利基市场有能力供应空前丰富的产品。

（3）随着需求搜索和自动推荐等技术和工具的发展，个性化的利基产品很容易被找到。

（4）需求曲线日益扁平化，即热门大批量产品的流行度会下降，越来越多的利基产品会流行。

（5）虽然利基产品单个销量有限，但大量各类的利基产品销量聚合起来，会形成一个与大众产品市场相抗衡的大市场。

（6）基于上述五点，需求将不受供给瓶颈、信息匮乏和空间有限性限制。

总之，长尾式商业模式是基于强大的平台和低成本的物流与供应链，注重向个性化消费市场提供种类繁多而数量很少的产品和服务而形成的一种新型商业模式。

8.2.3 免费式商业模式

近年来，免费成了一种非常流行的商业模式，各种免费模式让人眼花缭乱，免费正在颠覆人们传统的商业观念，让消费者体验到了一种全新的商业模式；对企业来说，免费也成为突破旧发展模式、实现后来居上的赶超模式。比如百度绝大多数信息让用户免费搜索，绝大部分电子邮箱是免费使用，微信免费给用户提供了一个社交场所等。

有的人可能会想，这仅仅是互联网时代才有的现象。实际上，早在互联网出现之前，免费模式已经发挥了巨大的商业威力。人们熟知的吉列剃须刀技术是由免费模式发展起来的，克里斯·安德森针对这些现象又提出了免费式商业模式的概念，并获得广泛认同。

免费式商业模式就是在某个市场，至少有一个庞大客户群可以持续享受到免费产品或服务，通过交叉补贴（即以其他细分客户付费的方式给免费客户提供补贴）支撑企业运营并实现盈利的商业模式。

交叉补贴方式有很多：用付费产品补贴免费产品，如用昂贵的爆米花补贴不怎么赚钱的电影票；用日后付费补贴当前免费，如中国移动免费赠送手机，用户必须使用两年以上该公司的通信服务；付费人群补贴不付费人群，如用户可以在百度免费得到信息，广告商替你支付相关费用。

8.2.4 非绑定式商业模式

非绑定式商业模式认为，企业会因经济因素、竞争因素和文化因素的驱动而形成不同业务，这些业务包括产品创新型业务、客户关系型业务和基础设施型业务。这三类业务的职责各不相同：产品创新型业务的职责是开发新的以及有吸引力的产品和业务；客户关系型业务的职责是搜寻和获取客户并与客户建立良好关系；基础设施型业务的职责是构建和管理平台，以支持大量重复性工作。非绑定式理论认为，这三种业务类型受不同因素的驱动，在同一组织中这些业务类型彼此之间会发生冲突，或导致不利的权衡妥协，因而主张在一个企业内分离三种业务，一个企业的业务应该聚焦于其中某一项。

该理论对综合型业务公司和为大型企业服务的中小型企业的商业模式设计具有很好的参考意义。例如，传统的移动通信企业一般都同时经营三种业务：语音、数据和内容的产品业务，设备管理、网络维护与运营的基础设施管理业务，客户获取、客户维护的客户关系业务。国外已有企业将网络维护运营外包给电信设备制造商，国内通信企业也经常与第三方在新技术、新服务和媒体内容等方面合作，并取得了不错的效果。

8.3　商业模式设计方法与工具

8.3.1　商业模式设计的核心原则

商业模式设计的核心原则是对商业模式定义的延展和丰富，是成功商业模式必须具备的属性。企业能否持续盈利是判断其商业模式是否成功的唯一的外在标准。持续盈利是对一个企业是否具有可持续发展能力的最有效的考量标准，盈利模式越隐蔽，越有出乎意料的效果。

一个成功的商业模式不一定是在技术上的突破，可能是对某一个环节的改造，或是对原有模式的重组创新，甚至是对整个“游戏规则”的颠覆。商业模式设计的核心原则包括客户价值最大化原则、持续盈利原则、资源整合原则、创新原则、融资有效性原则、组织管理高效率原则、风险控制原则和合理避税原则等。

1. 客户价值最大化原则

一个商业模式能否持续盈利，与该模式能否使客户价值最大化有必然联系。一个不能实现客户价值的商业模式，即使盈利也一定是暂时的、偶然的，是不具有持续性的。反之，一个能使客户价值最大化的商业模式，即使暂时不盈利，但终究也会走向盈利。所以我们把对客户价值的实现再实现、满足再满足当作企业应该始终追求的目标。

2. 持续盈利原则

企业能否持续盈利是判断其商业模式是否成功的唯一的外在标准。因此，在设计商业模式时，盈利和如何盈利也就自然成为需要考虑的重要问题。当然，这里指的是持续盈利。持续盈利是指既要盈利，又要有发展后劲，具有可持续性，而不是一时的偶然盈利。

3. 资源整合原则

资源整合就是要优化资源配置，就是要有进有退、有取有舍，就是要获得整体的最优。

在战略思维的层面上，资源整合是系统论的思维方式，是通过组织协调把企业内部彼此相关但却彼此分离的职能，以及把企业外部既参与共同的使命又拥有独立经济利益的合作伙伴整合成一个为客户服务的统一体，取得“1 + 1 > 2”的效果。

在战术选择的层面上，资源整合是优化配置的决策，是根据企业的发展战略和市场需求对有关的资源进行重新配置，以凸显企业的核心竞争力，并寻求资源配置与客户需求的最佳结合点，目的是通过组织制度安排和管理运作协调来增强企业的竞争优势，提高客户服务水平。

4. 创新原则

三星董事长李健熙说：“除了老婆和孩子外，其余什么都要改变！”时代华纳前首席执行官迈克尔·恩说：“在经营企业的过程中，商业模式比高技术更重要，因为前者是企业能够立足的先决条件。”商业模式的创新形式贯穿于企业经营的整个过程之中，贯穿于企业资源开发研发模式、制造方式、营销体系、市场流通等各个环节，也就是说，在企业经营的每一个环节上的创新都可能变成一种成功的商业模式。

5. 融资有效性原则

融资模式的打造对企业有着特殊的意义，尤其是对中国广大的中小企业来说更是如此。

我们知道，企业生存需要资金，企业发展需要资金，企业快速成长更需要资金。资金已经成为所有企业发展中绕不开的障碍和很难突破的瓶颈。谁能解决资金问题，谁就赢得了企业发展的先机，也就掌握了市场的主动权。

从一些已成功的企业发展过程来看，无论其表面上对外阐述的成功理由是什么，但都不能回避和掩盖资金对其成功所产生的重要作用，许多失败的企业就是由于没有建立有效的融资模式而失败了。例如，巨人集团仅仅为近千万的资金缺口而轰然倒下；曾经与国美不相上下的国通电器，拥有过30多亿元的销售额，也仅因为几百万元的资金缺口而销声匿迹。所以说，商业模式设计的很重要的一环就是要考虑融资模式。甚至可以说，能够融资并能用对地方的商业模式就已经是成功一半的商业模式。

6. 组织管理高效率原则

高效率是每个企业管理者都梦寐以求的境界，也是企业管理模式追求的最高目标。用经济学的眼光衡量，决定一个国家富裕或贫穷的砝码是效率；决定企业是否有盈利能力的也是效率。

按现代管理学理论来看，一个企业要想高效率地运行，首先要解决的是企业的愿景、使命和核心价值观，这是企业生存、成长的动力；其次，要有一套科学实用的运营和管理系统解决协同、计划、组织和约束问题；最后，还要有科学的奖励和激励方案，解决如何让员工分享企业的成长果实的问题，也就是向心力的问题。只有把这三个主要问题解决好了，企业的管理才能实现高效率。现实生活中的万科、联想、华润、海尔等大公司，在管理模式的建立上都是可圈可点的，也是值得人们学习的。

7. 风险控制原则

设计再好的商业模式，如果抵御风险的能力很差，就会像在沙丘上建立的大厦一样，经不起任何风浪。这个风险指的是系统外的风险，如政策、法律和行业风险；也指的是系统内的风险，如产品的变化、人员的变更等。

8. 合理避税原则

合理避税是指在现行的制度、法律框架内，合理地利用有关政策，设计一套利于利用政策的体系。合理避税做得好也能大大增加企业的盈利能力。

8.3.2 商业模式设计的基本方法

每个创业者都想为自己的企业设计一个独特的、全新的商业模式来覆盖产业内现有的企业。虽然商业模式创新是一件非常困难的事情，但很多企业都是在模仿先进商业模式或改进现有商业模式的基础上取得了巨大成功，如腾讯、百度等。即便已经设计了一个独特的商业模式，也会面临其他企业快速模仿或利用相似的商业模式开展竞争的不利情况。因此，设计商业模式极为重要。

1. 全盘复制法

全盘复制法比较简单，即对经营状况良好的企业的商业模式进行简单复制，根据自身企业状况稍加修正。全盘复制法主要适合同行业的企业，特别是细分市场、目标客户、主要产品相近的企业，甚至可以直接对竞争对手的商业模式进行复制。

全盘复制优秀企业的商业模式需要注意以下几点：①复制不是生搬硬套，需根据企业自身的区域、细分市场和产品特性进行调整；②要注重对商业模式细节的观察和分析，不仅在形式上进行复制，更要注重在流程和细节上进行学习；③为避免和被复制对象形成正面竞争，可在不同时间和区域对商业模式进行复制。

2. 借鉴提升法

通过学习和研究优秀的商业模式，对商业模式中的核心内容和创新概念予以适当提炼和节选，并对这些创新点进行学习。如果这些创新点比企业现阶段商业模式中的相关内容更符合企业发展需求，企业就应结合实际需要，引用这些创新概念并发挥其价值。通过引用创新点来学习优秀商业模式的方法适用范围最为广泛，对不同行业、不同竞争定位的企业都适用。

3. 逆向思维法

通过对行业领导者商业模式或行业内主流商业模式的研究学习，模仿者有意识地进行反向学习，即市场领导者商业模式或行业内主流商业模式如何做，模仿者则反向设计商业模式，直接切割对市场领导者商业模式或行业内主流商业模式不满意的市场份额，并为它们打造相匹配的商业模式。

采用逆向思维法时有三个关键点要注意：①找到市场领导者商业模式或行业内主流商业模式的核心点，并据此制定逆向商业模式；②企业在选择逆向思维法制定商业模式时，不能简单追求反向，需确保能够为消费者提供更高的价值，并能够塑造新的商业模式；③防范行业领导者的报复行动，评估行业领导者可能的反制措施，并制定相应的对策。

4. 关键因素法

关键因素法是以关键因素为依据来确定商业模式的设计方法。商业模式中存在多个因素影响设计目标的实现，其中若干个因素是关键的和主要的。关键因素法通过对关键因素的识别，找出实现目标所需的关键因素集合，确定商业模式设计的优先次序。采用关键因素法设计商业模式主要有五个步骤：①确定商业模式设计的目标；②识别所有关键因素，分析影响商业模式的各种因素及其子因素；③确定商业模式设计中不同阶段的关键因素；④明确各关键因素的性能指标和评估标准；⑤制订商业模式的实施计划。

5. 价值创新法

对于一些从未出现过的商业模式，往往需要进行创新设计，即通过价值要素的构建、组合等设计出新的商业模式。这一点在互联网企业表现尤为明显。例如，盛大网络最先创建网络游戏全面免费、游戏道具收费的模式，开创了网游行业新的商业模式——CSP（Come Stay Pay）。至今各大网游公司依旧沿用这一商业模式在运营。Airbnb 和优步创建的通过共享资源而获取收益的模式，也成为现今最流行的一种商业模式。

★应用案例

一家只有4个人的公司，年赚7 000万元！

免费并不意味着亏本，那么，如何用免费的手段赚钱？如今，做大做强已经不再是唯一的商业模式。发动头脑风暴，看下面这个公司教你如何颠覆传统理念的商业模式！

市场上出现过一个品牌叫梦露，它只做一个女式睡衣产品，销售价格为188元一件，只有两种款式，吊带的和齐肩的，也只有两种颜色，橙色和紫色。他们用了一个不一样的销售方式——送。怎么送呢？免费。如果你穿了感觉很好，就请你帮我们做口碑宣传。

如果这件睡衣送给你，你会要吗？当然会。但是他提了另外一个要求，我们送给你是可以的，快递费你出可以吗？快递费是23块钱一件，但是支持货到付款，支持退货。消费者是零风险。也就意味着你花23块钱快递费可以拿到一件价值188元的女士睡衣，你们愿意吗？也许第一次您看到可能不会动心，但是如果您发现同一时段竟然有157家网站都在为他打广告，您会不会点开看一看？那么，我相信至少有80%的人都会订上一件。

那么免费送，到底送多少呢？第一阶段我们就送1 000万件，我们计算一下，188元一件，1 000万件，等于多少钱？18.8亿元人民币，这家公司愿意拿18.8亿砸一个市场，各位告诉我有这样的公司吗？应该没有，或者很少。也许很多人都会想，他们是赔钱赚吆喝。

但是这家公司既不是中国500强，也不是世界500强，这时候，很多人即使只为了满足一下好奇心，都会订一件。于是，你就会留下名字、电话、手机、地址，13天后，快递真的送到你家了，你打开信封一看，这个睡衣质量真不错，在市场里面可能超过188元或者288元，你要不要付这23块快递费？

很多人看不明白，这家公司是干吗的，是做慈善，还是赔钱赚吆喝？

下面我带着大家算一笔账，1 000万件睡衣免费送，首先我们需要解决货源问题。做生意的人都知道，中国义乌小商品批发市场世界闻名，在那有很多小型的服装加工厂，所以制作成本可以很低。而且我有1 000万件，那么你给别人做10块，给我做8块可不可以。注意，是夏天的女式睡衣，第一，款式简单，第二，省布料。

为什么8块钱成本的睡衣在商场里面可以卖到188元？今天如果我们买双鞋子，市面成本是50元，可是到商场里面不是名牌的卖300元，是名牌的卖500元，请问50元到300元中间的钱去哪儿了？没错，是商场分了27%~33%，营业员分了12%。梦露睡衣生产成本只有8块钱，但是到消费者手中没有任何商场环节，所以8块钱的睡衣拿到商场里卖188元。

接下来就是快递的问题了，我们平时快递一样最小的东西，至少需要10块钱，但是，如果我一年有1 000万件快递要在你的公司运送，可不可以便宜，所以，最后以5元敲定，因为夏天的女式睡衣很轻又很小，一个信封就可以装下。

下面就剩下广告了，本来网上做这种免费送东西的广告是不需要花钱的，因为网站要的是浏览量，今天你试试看，如果产品免费送，我保证很多网站帮你送东西。但是，为了让我的睡衣送得更疯狂，只要在你家的网站上送出去一件，我就给你3块钱的提成，你是不是会把广告打得更疯狂？于是，所有的网站都帮着打广告。

我们再算一笔账。23块钱减去8块减去3块减去5块还剩下多少？7块，那么就是说，他们实际上送一件睡衣只付出了16块钱的成本，但是，消费者却付了23块钱的快递费。就是说，他们只要送一件睡衣就赚了7块钱，中国有13亿人口，一年免费送1000万件可不可以送出去？答案是当然可以。最后，他们送睡衣一年就赚了7 000万元。

这家公司做了什么？快递谁递的？快递员。广告谁做的？网站。钱谁赚了？他们赚了。接下来，我们再算一下其他人的利润，你觉得卖出来8块钱的睡衣，这个生产睡衣的工厂一件能赚多少钱？每件只能赚1块钱，但是一下接了个1 000万元的单。厂家要不要做？快递公司收5块钱，请问快递公司能赚多少钱？也是1块钱。网站打广告本身是没有什么成本的，所以，网站的纯利润是 3 块。这三个干活的加在一起，一件才赚了 5 块钱，但是，他们什么都没干却赚了 7 000 万元人民币。

各位，这家公司有多少人呢？这家公司从总裁、设计总监、销售总监到会计，全公司加在一起四个人。四个人分这 7 000 万元是不是怎么都有得赚，最关键的是他们什么都没做。而且，每个人都很开心！

案例思考：此案例中的商业模式采用了哪种设计方法？

8.3.3　商业模式设计工具——商业模式画布

商业模式并不仅仅是各种商业要素的简单组合。商业模式的构成要素之间必然存在着内在联系，一个好的商业模式可以把这些要素有机地联系在一起，从而阐明某个企业或某项活动的内在商业逻辑。只有其内部构成要素协调一致，才能阐明创造价值、传递价值和实现价值的商业逻辑。

亚历山大·奥斯特瓦德提出的商业模式设计框架很好地回答了商业模式涉及的上述三个基本问题，可以帮助我们理清商业模式。该框架包含九个关键要素：客户细分、价值主张、渠道通路、客户关系、收入来源、核心资源、关键业务、重要合作和成本结构。参照这九大要素就可以描绘分析乃至设计和重构企业商业模式。由于该框架是商业模式创新时召开会议或头脑风暴常用的工具，常由一面大黑板或一面墙来呈现，因而又被通称为商业模式画布，如图 8-2 所示。

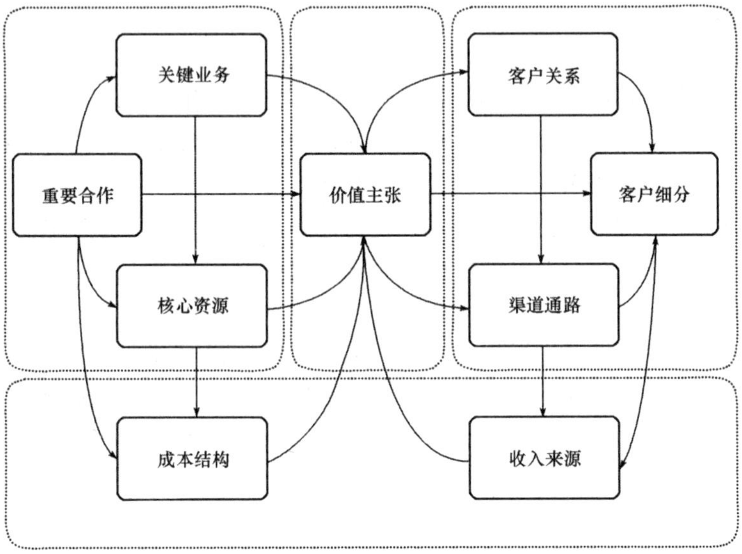

图 8-2　商业模式画布

1. 客户细分

我们的客户是谁，这是一切商业活动的本源。我们的企业在为谁创造价值，这些人有什么样的特点，他们之间存在什么样的差异，了解这些我们就可以集中更多的资源提供更精确的服务，创造出更大的效益。我们的客户到底是大众客户，还是特定性的客户，我们的商业模式应该服务于传统的二八原则中的核心客户，还是要关注利基市场中的长尾用户，这是在最开始就需要考虑清楚的。

2. 价值主张

在确定了客户之后，我们要思考我们的服务和产品对于客户来说有什么价值。对于细分之后的客户，我们满足了他们怎样的需求，帮助他们解决了什么问题，我们传递给客户的价值观是怎样的？价值主张——价值为形，主张为神，我们需要客户感受到我们工作的意义，同时还要传播给他们我们的意识和文化。在这个阶段，我们要针对第一阶段中细分的客户来分别考虑，并且落实到一些具体的属性上，我们能为他们提供比之前更好的解决方案，还是更加个性化的针对性服务，或者是颠覆性的体验，只有落实这些之后，我们的商业模式才有了其根本的意义。

3. 渠道通路

有了客户喜欢的服务和产品，那么现在来讨论传递的问题。用什么样的媒介，遵循什么样的流程来接触你的客户，传递价值、传播主张，是建立网站提供服务，还是代理分销最终放在客户可以看到的货架上，这些都是建立传播渠道要考虑的问题。

4. 客户关系

现在你有了客户产品并且建立了桥梁媒介，对于大多数商家来说，后面的问题在于如何稳住已有的客户并且持续地增加新的客户。客户的黏性和忠诚度需要良好的客户关系来保证，好的客户关系意味着能够追加销售和新的产品。我们是用社区或是呼叫中心等自动化的方式来为客户提供24 小时的服务，还是雇佣专属的客户经理来维护大客户的关系，这都取决于你最初确立的前三步。

5. 收入来源

羊毛出在羊身上，企业不是慈善组织，要维持正常的运作需要收入。如何用最合理的方式让你的客户付钱来换取你为他创造的价值。如何细分客户市场，不同客户群体的付费比例是多少，采用什么样的方式来支付他们获得的价值，是直接购买所有权，还是购买使用权，还是租用，还是由第三方来垫付，是一次性支付还是在后期的运营服务中持续支付，都需要针对不同的客户群及其关系以及你的价值主张来综合决定。

6. 核心资源

前面的五个部分，我们讨论了很多规划，从现在开始我们讨论如何实施这些规划。首先要讨论的就是资源，考虑需要哪些核心的资源才能保证前述五个方面能顺利地搭建起来，是需要资金还是人力，或者是知识产权，或者是某些固定资产，只有准备好“食材”我们才能开始“炒菜”。

7. 关键业务

“食材”准备好了，现在该考虑做哪些“菜”的问题了，用什么实体才能体现价值主张，建立怎样的渠道才能传播服务和产品，维系客户关系如何落地转化成为可操作的解决方案，这就是我们的关键业务。为了价值主张可能需要建立一座工厂，为了渠道通路也许要建立一整套在线销售的网络体系，为了维护客户关系可能要构建一个自己的社区或者在微博上面开设一个企业账号。

8. 重要合作

独木不成林，一家公司或者企业不可能做完所有的事情，客户往往会需要一个完整而系统的解决方案，这时就需要与其他企业合作——有可能是在非竞争者之间建立的渠道整合和客户共享关系，有可能是在竞争对手之间建立的垄断式战略合作。降低风险、获得关键资源，同时以规模经济的形态占领最大的市场，这就是重要合作的意义。

9. 成本结构

做企业就得算账，成本结构就像人体内的脂肪、蛋白质和糖分比例一样，合适的比例能让企业更加健康。降低不必要成本是企业获得更大收益的十分重要的方式，在 1 ~ 8 的步骤中所涉及的成本都应该在这个阶段做详细的评估，另外，成本不是一成不变的，就如同摩尔定律对固定成本的影响一样，对成本精准的战略评估说不定会为企业带来意想不到的收获。

课后习题

1. 简述商业模式的构成要素有哪些。
2. 简述商业模式的基本特征。
3. 论述商业模式的类型。
4. 简述商业模式设计的基本方法。
5. 论述商业模式画布的内涵。

第9章

市场营销

★学习目标

1. 了解市场营销对创业的重要性。
2. 掌握营销策划方案的写作方法。

★导入案例

加多宝营销案例

案例概况

凉茶是广东、广西地区的一种由中草药熬制，具有清热去湿等功效的“药茶”。王老吉凉茶发明于清道光年间，至今已有一百多年的历史，被公认为凉茶始祖，有“药茶王”之称。

20世纪50年代初，王老吉凉茶铺分成两支：一支完成公有化改造，发展为今天的广州王老吉药业股份有限公司（简称广药），生产王老吉凉茶颗粒（国药准字）；另一支由王氏家族的后人带到香港。

在中国内地，王老吉的品牌归广药所有；在中国内地以外的国家和地区，王老吉品牌为王氏后人所注册。加多宝是位于东莞的一家港资公司（鸿道集团），经王老吉药业特许，由香港王氏后人提供配方进行生产。该公司在中国内地独家生产、经营王老吉牌罐装凉茶（食字号）。

鸿道集团依靠“怕上火，喝王老吉”的精确定位和营销攻略，使得红罐王老吉销售火爆，并在2008年的汶川地震中凭借慈善营销一举达到顶峰。2009年，红罐王老吉在中国市场销售额达160亿元，超过可口可乐的150亿元，成为中国饮料的第一品牌。这让广药集团不由得眼红起来，广药集团推出由广药生产的绿盒王老吉，希望借助鸿道出厂的红罐王老吉之名在火热的凉茶市场分得一杯羹。同时，鸿道集团租赁广药的王老吉商标使用权期限已到。广药决定收回王老吉商标使用权，再以更高的价格转给其他企业。而鸿道不愿意看到由自己辛苦培养出的知名品牌就这样沦入他人之手。于是，其打出自己的凉茶品牌——加多宝。

加多宝和红罐王老吉相比，原料、配方完全一样，就连包装也是一样的红色，唯一不一样的就是名字和厂家。随后，加多宝和王老吉展开了激烈的市场竞争。

王老吉品牌之战虽然以广药集团胜利告终，鸿道集团却成为最大的赢家。

案例解析

事实证明：加多宝通过渠道和品牌营销策略成了真正的赢家。加多宝的营销策略具体可以分为以下几方面：

1. 品牌定位——差异化营销："去王老吉化"战略

在商标之争出现后，加多宝知道多年精心打造的"王老吉"品牌不得不以最快速度"去王老吉化"。于是在广药忙于打官司之际，加多宝已经从渠道到终端，开始了"去王老吉化"，一场新的品牌重塑行动拉开序幕。首先，是在王老吉红罐装的一面上加大"加多宝"字样；接着从 2012 年 3 月起，在其最新的广告宣传上，取消"王老吉"相关字眼，代之以"加多宝出品"字样；2012 年 4 月 20 日起，正式去掉瓶身上的"王老吉"三个字。其次，广告方面变更为"正宗凉茶，加多宝出品"，为自己产品的"正宗"大力宣传，加多宝利用巨额的广告投入对"加多宝出品正宗凉茶"这一理念进行广告轰炸传播，加速"去王老吉化"。最后，加多宝早早对正宗凉茶的配方进行了改良与深加工，从本质上实现"去王老吉化"，使消费者能很自然地从王老吉过渡到加多宝，牢牢吸引住原有消费群体，并积极吸纳更广泛的消费群体。

2. 品牌宣传——多种营销手段结合

首先，加多宝不仅在凉茶饮料货柜上大面积铺货，还设立单独的品牌货柜在饮料区展示，用抢眼的陈列方式与促销活动吸引消费者的关注。

其次，加多宝在开展电视、地铁广告、发布会等传统营销传播活动外，同时注重通过 QQ、微博等社会化媒体获取消费者的支持，从而打造一个立体传播策略，全方位狙击王老吉的消费导向。

2012 年 5 月，加多宝冠名浙江卫视《中国好声音》，在广告里反复强调它是"正宗凉茶"，随着《中国好声音》的火爆，加多宝的人气暴增，打了品牌重塑的漂亮一战。同一时间，加多宝还赞助了湖南卫视的《向上吧，少年》等节目，观众可以在卫视频道、黄金时段看到加多宝的广告。

3. 渠道之争

加多宝在渠道之战中有着先天的优势与经验。加多宝的销售网络组织相对扁平，这使得总部指令可快速传递到业务员层级：五大销售分公司以下是约 50 个销售大区，大区下辖约 500 个办事处，办事处管理着 8 000 位业务员，其业务员经常到终端拜访，一天要拜访约 40 个终端点，每个终端一周至少拜访一次。对于这家处在特殊时期的公司，这些高效率的业务员至关重要。通过他们，各个渠道终端可以第一时间告知加多宝的动态，减少因混乱带来的销售损失。

此外，加多宝在每个省设有一个总经销商，总经销商可发展多个经销商、邮差商。在经销商完成销售任务后，总体上能够保证每箱 5 元左右的利润，邮差商获得每箱 4 元的利润；而零售商则可获得每瓶 1 元的利润。为了保证资源能够真正到达终端，加多宝还设立了一个独立的监察部，直接面向董事会和办事处。

最终，重视细节与每一个基础零售点，关注每一位业务员的加多宝在渠道之战中大获全胜。

4. 法律之争——主动侵权策略

加多宝作为一个新品牌，必须主动侵权以便与原来的王老吉挂钩，让公众认知加多宝就是王老吉。其策略包括以下几方面：

(1) 产品侵权。加多宝推出大量的一面王老吉、一面加多宝的产品，向经销商大量压货，以达到品牌转换认知、最后狠赚一笔王老吉产品的钱以及在渠道上顶住广药新品的“一箭三雕”效果。

(2) 宣传侵权。加多宝通过广告引导消费者和公众认定加多宝就是以前的王老吉，并通过经销商、人海战术来宣传“更名”。有的在货架上贴上“更名”告示，有的经销商反复向要购买王老吉的消费者解释“更名”，并用加多宝产品取代王老吉卖给消费者。

(3) 法律策略。加多宝在与王老吉的品牌之争中败下阵来，但其策略并不是要打赢官司，而是要增加曝光度，让加多宝与广药的官司天下皆知，以达到“悲情”效果，让消费者了解“王老吉”背后的故事并接受加多宝为“王老吉”立下汗马功劳的事实，从而获得消费者的同情和支持。

由此可见，加多宝虽然在品牌之争中落败，但是在营销之战中成功转型，从而树立起了自己的品牌，成了凉茶市场上的“王者”。

案例思考：加多宝采取了什么营销策略？其效果如何？

9.1 市场营销概述

9.1.1 市场营销的概念

市场营销是计划和执行关于商品、服务和创意的观念、定价、促销和分销，以创造符合个人和组织目标的交换的一种过程。最简短的定义就是“有利益地满足需求”。近几十年来，关于这一概念，中外学者表述各异，具有代表性的有以下几种：

营销大师菲利普·科特勒（Philip Kotler）：市场营销是个人和群体通过创造并同他人交换产品和价值以满足需求和欲望的一种社会管理过程。

美国市场营销协会：市场营销是创造、沟通与传送价值给顾客，并经营顾客关系以便让组织与其利益关系人受益的一种组织功能与程序。

格隆罗斯：市场营销就是在变化的市场环境中，旨在满足消费需要、实现企业目标的商务活动过程，包括市场调研、选择目标市场、产品开发、产品促销等一系列与市场有关的企业业务经营活动。

9.1.2 市场营销的研究内容

市场营销的研究内容包括以下方面：

（1）营销原理，包括市场分析、营销观念、市场营销信息系统与营销环境、消费者需要与购买行为、市场细分与目标市场选择等理论。

（2）营销实务，由产品策略、定价策略、分销渠道策略、促销策略、市场营销组合策略等组成。

（3）营销管理，包括营销战略、计划、组织和控制等。

（4）特殊市场营销，由网络营销、服务市场营销和国际市场营销等组成。

9.1.3　市场营销的策略与方法

1. 市场营销策略

市场营销策略是企业以顾客需要为出发点，根据经验获得顾客需求量以及购买力的信息、商业界的期望值，有计划地组织各项经营活动，通过协调一致的产品策略、价格策略、渠道策略和促销策略，为顾客提供满意的商品和服务而实现企业目标的过程。

（1）4P，即产品（Product）、价格（Price）、促销（Promotion）、渠道（Place），这四个因素应用到营销过程中，就形成了四方面的营销策略。

在4P的基础上，又发展出了6P、7P等，如加上政治（Politics）和公共关系（Pbulic），即为6P。1981年布姆斯（Booms）和比特纳（Bitner）建议在传统市场营销理论4P的基础上增加三个“服务性的P”，即人员（People）、流程（Process）、环境（或实体环境）（Physical Evidence），从而形成了7P理论。

根据与市场竞争对手对抗的需要而制定富有竞争力的产品、价格、渠道和促销政策，这一时期便诞生了著名的4P理论。当时还是大众媒体盛行的时代，即依靠大众媒体促进销售，无差异化策略成为这一阶段的明显特征。7P多用于服务行业。

①产品策略主要研究新产品开发、产品生命周期、品牌策略等，是价格策略、促销策略和分销策略的基础。

②价格策略又称定价策略，主要目标有四点：维持生存、利润最大化、市场占有率最大化、产品质量最优化。

③促销策略的主要目的是传递信息，强化认知，突出特点，诱导需求，指导消费者，扩大销售，滋生偏爱，稳定销售。

④渠道策略是指为了达到产品分销目的而启用的销售管道。

⑤人员，所有的人都直接或间接地被卷入某种服务的消费过程中，这是7P营销组合很重要的一个观点。知识工作者、白领雇员、管理人员以及部分消费者将额外的价值增加到了既有的社会总产品或服务的供给中，这部分价值往往非常显著。

⑥流程，即消费者管理流程，是市场营销战略的一个关键要素。

⑦环境，包括服务供给得以顺利传送的服务环境，有形商品承载和表达服务的能力，当前消费者的无形消费体验，以及向潜在顾客传递消费满足感的能力。

（2）4C，包括顾客（Customer）、成本（Cost）、沟通（Communication）、便利（Convenience）。加上机会（Chance）、市场变化（Market Change），即为6C。

不销售制造的产品，而要将满足消费者需求的产品售出；不要依竞争者或者自我的盈利策略定价，而要通过一系列测试手段了解消费者为满足需求愿付出的成本；不要以自身为出发点，想着网点怎么布置，采用什么样的通路策略，而要关注消费者购买产品的便利性；不是想着如何通过媒体传播来提升销量，而要和消费者互动沟通。

（3）4R 营销理论是由美国学者唐·舒尔茨在 4C 营销理论的基础上提出的新营销理论。4R 分别指代关联（Relevance）、反应（Reaction）、关系（Relationship）和回报（Reward）。该营销理论认为，随着市场的发展，企业需要从更高层次上以更有效的方式在企业与顾客之间建立起有别于传统的新型的主动型关系。

（4）用 SWOT 方法分析市场。SWOT 是一种分析方法，用来确定企业本身的竞争优势、竞争劣势、机会和威胁，从而将公司的战略与公司内部资源、外部环境有机结合。

优势（Strength）：评估自己的长处。

劣势（Weakness）：找出自己的短处。

机会（Opportunity）：发现自己的机会。

威胁（Threats）：认识到存在的威胁。

2. 市场营销方法

整合营销传播（Integrated Marketing Communications），指将一个企业的各种传播方式加以综合集成，其中包括一般的广告、与客户的直接沟通、促销、公关等，对分散的传播信息进行无缝接合，从而使得企业及其产品和服务的总体传播效果达到明确、连续、一致和提升。

数据库营销（Database Marketing），以特定的方式在网络上（资料库或社区）或是实体收集消费者的消费行为资讯、厂商的销售资讯，并将这些资讯以固定格式累积在数据库当中，在适当的行销时机，以此数据库进行统计分析的行销行为。

网络营销（Internet Marketing），网络营销是企业整体营销战略的一个组成部分，是为实现企业总体经营目标所进行的，以互联网营销为基本手段营造网上经营环境的各种活动。网络营销的职能包括网站推广、网络品牌、信息发布、在线调研、顾客关系、顾客服务、销售渠道、销售促进。

直复营销（Direct Marketing）是在没有中间行销商的情况下，利用消费者直接（Consumer Direct，CD）通路来接触及传送货品和服务给客户。其最大特色为“直接与消费者沟通或不经过分销商而进行的销售活动”，乃是利用一种或多种媒体，理论上可到达任何目标对象所在区域包括地区上的以及定位上的区隔，并且是一种可以衡量回应或交易结果的行销模式。

关系营销（Relationship Marketing），在很多情况下，公司并不能寻求即时的交易，所以他们会与长期供应商建立顾客关系。公司想要展现给顾客的是卓越的服务能力，顾客多是大型且全球性的。他们偏好可以提供不同地区配套产品或服务的供应商，并且可以快速解决各地的问题。当顾客关系管理计划被执行时，组织就必须同时注重顾客和产品管理。同时，公司必须明白，虽然关系行销很重要，但并不是在任何情况下都会有效的。因此，公司必须评估哪个部门与哪种特定的顾客采用关系行销最有利。

绿色营销是指企业为了迎合消费者绿色消费的消费习惯，将绿色环保主义作为企业生产产品的价值观导向，以绿色文化作为生产理念，力求满足消费者对绿色产品的需求所做的营销活动。

社会营销是基于人具有“经济人”和“社会人”的双重特性，运用类似商业上的营销手段达到社会公益的目的，或者运用社会公益价值推广其商品或商业服务的一种手段。

与一般营销一样，社会营销的目的也是有意识地改变目标人群（消费者）的行为。但是，与一般商业营销模式不同的是，社会营销中所追求的行为改变动力更多来自非商业动力，或者将非商业行为模拟出商业性卖点。

病毒营销是一种信息传递策略，通过公众将信息廉价复制，告诉其他受众，从而迅速扩大自己的影响。和传统营销相比，受众自愿接受的特点使得成本更少，收益更多、更加明显。

危机营销特指企业监控潜在的公关危机，控制及化解已爆发的危机，使良好的状态得以维持或恢复，最大限度地减少危机给企业造成的不良影响。

9.1.4　市场营销的重要性

市场营销的重要性包括以下几方面：

（1）帮助企业进行准确的市场定位，从而顺利进入市场。

（2）使企业产品顺利进入市场销售，从而转变为企业资源。

（3）实现企业初期有限资源的效益最大化。

（4）降低企业风险，发现新的市场机会。

9.2　市场营销策划方案

9.2.1　营销策划方案的概念

营销策划方案是一种说服性材料，它通过使人信服的材料为提案者和接受方在营销策划的实施中提供通用的语言。

9.2.2　营销策划方案的具体内容

营销策划方案包括“5W1H1E”，具体表现为：

（1）What——执行什么策划方案。

（2）Who——谁执行策划方案。

（3）Why——为什么执行策划方案。

（4）Where——在何处执行策划方案。

（5）When——在何时执行策划方案。

（6）How——如何执行策划方案。

（7）Effect——要有看得见的结论和效果。

9.2.3　营销策划方案结构框架

营销策划方案结构框架见表9-1。

高校女生群体掌控的零花钱有限，因而比较喜欢物美价廉的女包，抽样调查显示其中的大多数会选择购买50～100元的包包。

b. 消费者购买行为。参加工作的年轻女性对手袋的购买行为属于寻求多样化的购买行为。在多样化的社会形态下，时尚女包对于当代女性来说，是成熟与美的标志，所以，她们会重复不断地变换手袋的品牌与款式来满足自己的需求。而针对此现象，我们将建议工厂设计更多的潮流款式，并及时发布新产品的具体信息，以满足消费者的需求。

对于高校女生群体的抽样调查数据显示，约66%的受访者拥有4个以上的各式手袋，约53%的受访者表示一个月至半年内会更换包包。

c. 网上购买行为分析。网络营销与传统营销对比，更容易让年轻人接受。数据显示在18～35岁的年轻人中多达90%的网民访问过购物网站（如“淘宝”“天猫”“凡客”“当当”等），其中经常访问购物网站的网民和购买网上商品的网民大约有60%，有40%的用户在最近一年内网购过商品或接受过网络服务，仅有5%的受访者在未来一年不会进行网络购物。

从大学女生调查数据来看，学生喜欢网络购物方式，但有90%的受访者表示，“网络购物比较担心货不对板、没有想象中的漂亮、碰到质量问题难以处理”，所以通过线下做好产品的展示和进行完善的售后服务工作非常重要。

d. 市场购买潜力。根据搜集到的二手资料可知，手提包在现在和将来都会有旺销的势头，特别是时尚女青年所需要的手提包将来都会保持高位增长的趋势。目前中国手提包的消费呈现以下几方面的特点和趋势。

市场潜力巨大：从图9-1可以看出，2007—2011年手提包的销售收入和增长速度保持平稳的上升趋势，这从另一角度也说明女包的市场销售空间较大。

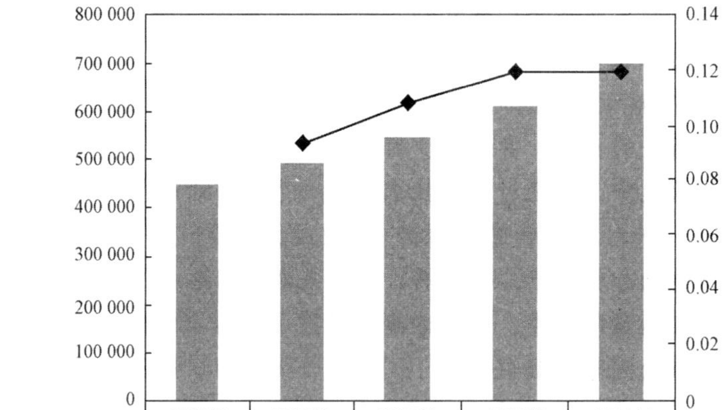

	2007年	2008年	2009年	2010年	2011年
销售收入	448 523	490 276	542 939	607 383	694 532
增长速度	…	9.31%	10.74%	11.87%	11.97%

图9-1　2007—2011年我国手提包行业市场增长速度分析（单位：万元）

消费者群体和消费地集中：从图9-2可看出，我国手提包的集中销售地是江苏、广东等地区。选择珠三角地区创业，有一定的地理位置优势。

手提包市场利润诱人：从图9-3可看出，手提包的利润持续增长，前景越来越被商家

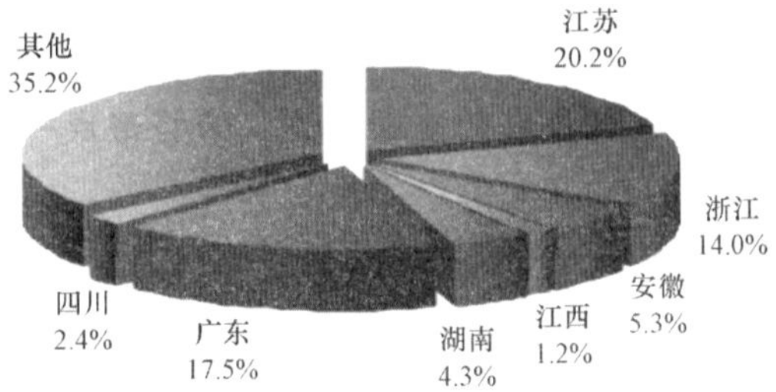

图 9-2 2012 年我国手提包行业市场销售占比

看好。

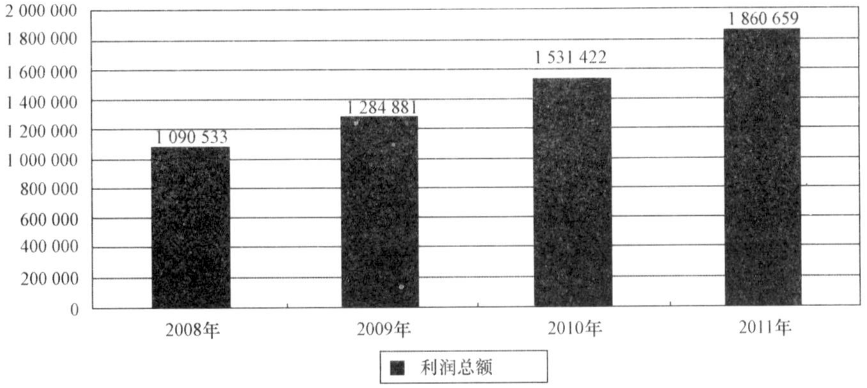

图 9-3 2008—2011 年手提包产业销售利润率（单位:%）

②竞争者分析。竞争者包括四类。

第一类：具有强大的实力、品牌知名度较高、专业销售箱包、品种齐全的电子商务平台。例如，麦包包从 2006 年进军电子商务网络平台后，在天猫网上商城已成为很有影响力的网购品牌。该类品牌除了在天猫、亚马逊等平台进行多渠道销售外，还开设了专业的 B2C 的箱包直销平台。

第二类：经营多种产品的网络直销平台。该类平台经营产品种类丰富，平台有很高的知名度，箱包的品种也比较丰富，对于淘宝而言有一大优势——货到付款。

第三类：根据网络搜索，淘宝网上的包包专卖店有上万家，这些中小卖家对本公司形成了直接的竞争。淘宝小卖家价格也在 60 ~ 200 元。部分淘宝店开店比较早，已经做到蓝冠、皇冠的信誉度，他们有自己的产品进货渠道和推广方式。

第四类：实体店，如超市、百货、专卖店。实体店的好处是消费者可以体验和感受产品，但是其经营成本高，相对网络平台的售价也较高。

3. 结语

女包市场是块很大的蛋糕，进入这个市场的商家众多、品牌众多，导致时下女包市场竞争异常激烈。女包是非常适合在网上销售的产品，伴随着电子商务的高速发展，网络上的竞争也日趋激烈。在产品同质化的今天，本公司若要在女包市场分杯羹，仅仅在网络营销方面投入，是无法与资金雄厚的大公司抗衡的，因此我们要在渠道上创新，除了从电子商务平台

2. 携程第一轮得到海外机构的风险投资（IDGVC 投资携程）

事件基本信息	
涉及金额	500 万美元
发生时间	1999 年 10 月
事件介绍	携程于 1999 年 10 月接受 IDGVC 第一轮 500 万美元投资，而 IDG 获得携程 12.5% 股权。 携程上市后，持股比例最大的是于 2000 年 11 月投资携程的风投商 Carlyle Group，其拥有 25.97% 的股份；投资多家互联网公司的老虎科技，这次也占有 8.11% 的股份；而最早投资携程的 IDG，拥有 7.39% 的股份

3. 携程第二轮得到海外机构的风险投资（SBCVC/晨兴/IDGVC 共同投资携程）

事件基本信息	
涉及金额	450 万美元
发生时间	2000 年 3 月
事件介绍	2000 年 3 月，IDGVC、软银、晨兴集团等多家机构向携程进行了第二轮投资，总金额达 450 万美元
涉及机构	软银中国创业投资有限公司 IDG 技术创业投资基金 晨兴科技投资公司

4. 携程第三轮得到海外机构的风险投资（凯雷投资携程）

事件基本信息	
涉及金额	800 万美元
发生时间	2000 年 11 月
事件介绍	2000 年 11 月，凯雷向总部位于上海的网络旅游公司携程旅行网投资 800 万美元。2003 年，携程旅行网在纳斯达克股票交易所上市，之后，凯雷的持股比例从 25% 左右降至不足 5%

案例解析

携程旅行网融资分析

携程旅行网创立于 1999 年年初，主要的投资者有美国 Carlyle Group（凯雷集团）、日本 Soft Bank（软银）、美国 IDG（国际数据集团）、上海实业、美国 Orchid（兰馨基金）等。作为一个创业型互联网企业，携程借助私募股权基金的力量得到了迅速发展，并于 2003 年 12 月 9 日登陆美国纳斯达克（NASDAQ）股票交易所（股票代码：CTRP）正式挂牌交易。

1999 年 10 月携程接受了 IDG 的第一轮 500 万美元的投资，次年 3 月接受以软银集团为首的第二轮投资，2000 年 11 月接受以凯雷集团为首的第三轮投资，三次共计吸纳海外风险投资近 1 800 万美元。2003 年 9 月，携程从老虎基金取得了上市前最后一轮 1 000 万美元的投资，并于当年 12 月 9 日在美国纳斯达克股票交易所成功上市。

携程旅行网是风险投资商最成功的创业投资案例之一，使先后投资携程的风险投资商均获得了几倍甚至十几倍的超额回报。

案例思考：携程旅行网获得风险投资后的机会有哪些？

10.1　创业融资财务报表与指标

★知识链接

财务报表

财务报表是一套会计文件，是会计主体对外提供的反映会计主体财务状况和经营的会计报表，它反映一家企业过去一个财政时间段（主要是季度或年度）的财政表现，以及期末状况。它以量化的财务数字，分目表达，包括资产负债表、损益表、现金流量表或财务状况变动表、附表和附注。财务报表是财务报告的主要部分，不包括董事报告、管理分析及财务情况说明书等列入财务报告或年度报告的资料。财务报表能帮助投资者和债权人了解企业的经营状况，进一步帮助其做经济决策。财务报表在一般公认的会计原则下有选择地报告财务状况，是现实经济状况的近似描述。

财务报表是了解公司经营状况的重要信息来源，对财务报表进行分析，可以更深入地了解公司的运营情况，发现一些深层次的问题，或者找到潜在的价值。财务报表分析往往成为投资人、管理者以及监管当局进行有关决策的重要依据。

财务报表分析是以企业基本活动为对象、以财务报表为主要信息来源、以分析和综合为主要方法的系统认识企业的过程，其目的是了解过去、评价现在和预测未来，以帮助报表使用人改善决策。

财务评价基本报表主要有现金流量表、利润表以及资产负债表等。

10.1.1　利润表

利润表的概念：利润表是反映企业在一定会计期间（如月度、季度、半年度或年度）生产经营成果的会计报表。

制作利润表的意义：利润表也称损益表。它全面揭示了企业在某一特定时期实现的各种收入，发生的各种费用、成本或支出，以及企业实现的利润或发生的亏损。

利润表的作用：反映企业在一定会计期间的收入实现情况，反映一定会计期间的费用耗费情况，反映企业生产经营活动的成果。

利润表的构成：营业收入、营业支出和利润。

利润表与企业的基本活动见表 10-1。

表 10-1　利润表与企业的基本活动

利润表项目	企业的基本活动
①营业收入	主要经营业务及其他业务收入
减：营业成本	主要经营业务及其他业务成本
营业税金及附加	主要经营活动费用
销售费用	经营活动费用

r_t——最低报酬率（贴现率）。

下面以项目 A 和项目 B 为例来计算净现值，假定贴现率为 10%，相关数据如表 10-5 所示。

表 10-5 项目 A 和项目 B 现金流

生命周期	0	1	2	3	4
项目 A	-10	15	5	15	15
项目 B	-10	10	10	10	10

$$\mathrm{NPV_A} = CF_0 + PV = CF_0 + \sum CF_t/(1+r_t)^t$$
$$= -10+15/(1+10\%)^1+5/(1+10\%)^2+15/(1+10\%)^3+15/(1+10\%)^4$$
$$=29.28$$

$$\mathrm{NPV_B} = CF_0 + PV = CF_0 + \sum CF_t/(1+r_t)^t$$
$$= -10+10/(1+10\%)^1+10/(1+10\%)^2+10/(1+10\%)^3+10/(1+10\%)^4$$
$$=21.69$$

10.1.5 投资收益率

投资收益率又称投资报酬率（ROI），是指达产期正常年份的年息税前利润或运营期年均息税前利润占项目总投资的百分比。

公式：投资收益率（ROI）=年息税前利润或年均息税前利润/项目总投资×100%

优点：计算公式简单。

缺点：没有考虑资金时间价值因素，不能正确反映建设期长短及投资方式不同对项目有无影响，分子、分母计算口径的可比性较差，无法直接利用净现金流量信息。

10.2 商业计划书

制订商业计划是明确新企业的发展蓝图、战略、资源和人员要求的最好方式之一。要指出的是，一份简化的商业计划不只可以用于筹资或借款的过程中，而且它还是指引企业方向的罗盘。

10.2.1 撰写商业计划书的注意事项

撰写商业计划书要做的是：

（1）让所有管理团队成员参与商业计划的准备。

（2）计划要有逻辑、完整，并有可读性，还要尽量简短。

（3）要投入大量时间和一定资金来准备该计划，表明对企业的责任心。

（4）描述关键性的风险和假设，并说明为什么在这些情况下还可以创办企业。

（5）揭示并讨论企业中的所有现存问题或潜在问题。

（6）确定几种可选择的融资源。

（7）讲清楚要进行的交易，包括所有权股份的多少和投资者将怎样赢得利益。

（8）富于创造力地获得潜在投资者的关注和兴趣。

（9）要记住计划并不等于事业，实施比计划的价值高得多。

（10）一定要把接受订单和客户放在首位，即使会意味着必须推迟计划的撰写，因为订单和客户将产生结果为正的现金流。

（11）知道你的目标投资者群（例如，风险资本家、天使投资者、银行或租赁公司）以及他们真正想要的和不想要的，并相应地修改你的计划。

（12）要将比较客观的市场和销售预期值作为财务报表假设条件。

撰写商业计划书不能做的是：

（1）管理团队中不要写无名的神秘人物（例如，G 先生现在是另一家公司的财务副总裁，以后将加入你的公司等）。

（2）不要讲模棱两可、含糊不清和不能肯定的话，比如，不要根据团队想达到的生产量来估计销售量。

（3）不要用行话来描述技术产品或制造过程，或用只有专家才能理解的方式来描述，因为这会限制商业计划的用处。

（4）不要把钱花在制作漂亮的小册子、精美的幻灯演示或其他“噱头”上，相反地，只要显示“本质内容”就行了。

（5）当你能签单收现金时，不要把时间浪费在撰写计划上。

（6）当你只是和人握了一次手或达成口头协议，但钱并没有进银行之前，不要假定你已经做成了一笔买卖（只有当支票兑现的时候，买卖才算做成）。

10. 2. 2　撰写商业计划书的一般步骤

步骤一　把信息细分成多个关键部分。项目的总体计划要划分为多个部分，明确轻重缓急，谁来负责哪个部分，第一稿完成的时间和终稿完成时间。具体如表 10-6 所示：

表 10-6　撰写商业计划书的步骤一

部分	优先度	负责人	开始日期	第一稿完成时间	终稿完成时间

步骤二　列出必须完成的任务。设计一张实施该计划的总日程表，设置优先度、负责人、该计划各项任务的完成时间。把较大的项目（获取客户和竞争者的情报以及参观贸易展会等现场工作）分割成一些易于管理的小的组成部分（如出行前必须打的电话），并把这些组成部分作为一项任务。表述要尽可能具体。具体如表 10-7 所示：

表 10-7　撰写商业计划书的步骤二

任务	优先度	负责人	开始日期	完成时间

四、营销战略

1. STP 战略（Segmenting、Targeting、Positioning）：市场细分、目标市场和市场定位战略。

2. 营销组合策略：产品策略、价格策略、渠道策略及促销策略。

五、执行方案

1. 人员安排

2. 道具设备

3. 时间计划

4. 地点选择

六、财务分析

1. 费用预算

2. 效益分析

七、控制方案

1. 执行控制

2. 风险预测

3. 应急方案

八、结束语

九、附录

10.3 创业融资路演案例

★应用案例

“蹲点”早餐路演

大家好！我是罗先可，我来自重庆，现在经营一家连锁企业。

“你吃了吗？”以前作为问候用语，现在我们不用这个，为什么呢？我就在想，是因为我们吃得饱、吃得好吗？但是，如果真的认真想，我觉得在早餐这件事上，还真的做得不够好。

据权威调查显示，在中国有 35.2% 的人不能够每天坚持吃早餐。但是有些朋友就说，在公司附近不就可以吃早餐吗？

的确有，但是我们这代人啊，哪怕是多睡一分钟，就绝对不会少睡 60 秒的，每天早上匆匆忙忙地起床去公司，哪有时间做饭，是吧？我觉得很多人生下来就根本没有做饭的天赋。这个时候，我们的蹲点早餐服务出现了。蹲点早餐是基于微信预定解决写字楼上班族的早餐服务。哦，这就是传说中的高频多次的 O2O 项目啊！

前一天晚上通过微信平台预定并支付，第二天早上 8：20 到 9：00 准时在相应的写字楼下恭候，我们还有 VIP 服务，“有钱任性”，加 2 块钱就能送到你的桌子上，9：00—9：40，迟到10分钟保证全部免费，我们的标配是每个“小二”负责一栋楼，每栋楼限购100份。

我们会根据营养标准配备套餐，我们的目标是要做全中国最好的公司三明治！

这个时候我就在想啊，怎么能够将做早餐这个事情做得越来越大？

智能终端箱！我想到的智能终端箱是集恒温、Wi-Fi、电子显示屏、自动售卖机等为一体的。在我看来，中国有千千万万栋写字楼，每一栋写字楼都是我们的机会。

然后我又在想啊，当我们在卖早餐的时候我们真的只是在卖早餐吗？

于是我想到了社群活动。

最近一个月，我们组织过我们的用户爬山、钓鱼、看电影，进行过线下的以物换物，甚至还举行过一次相亲活动，成了一对。

在这里，我，小罗，给我的衣食父母鞠躬了。

案例思考：“蹲点”早餐路演突出的重点是什么？

★知识链接

融资路演

路演是指进行演说、演示产品、推介理念，以及向他人推广自己的公司、团体、产品、想法的一种方式。创业融资路演就是（创业者或项目）代表在讲台上向台下众多的投资方讲解自己的企业产品、发展规划、融资计划，以获得投资的一种行为过程。

什么是成功的路演？就是当路演结束之后，投资人“乞求”要投资你的公司，虽然听上去有些可笑，但这并非不可能。如果你能做一场让投资人无法拒绝的融资路演，还怕不能获得成功吗？

其实每一次路演对于创业者来说都是解剖自己项目，并在涅槃中升华的过程。

融资路演前需要完成的三件事：做好商业计划书，各要素相对完善；做好路演PPT，尽量做到简约精美；制作项目展示视频，以展示出你的专业性。

10.3.1 关于路演PPT

一个好的项目，必须通过PPT和视频进行展示，才能传达到投资人。路演PPT制作应该注意以下几方面：

（1）PPT设计理念。在PPT设计时要意识到不是我要讲什么，而是听众想听什么，应该意识到这是卖理念、卖产品。

（2）求共鸣——内容策略。对于痛点问题，应让投资人觉得“没错，是个问题”，进而引发其疑问“怎么解决”。在解决方式中，可以设计惊喜，让投资人觉得有意思，进而思考市场项目前景如何的问题。

（3）画大饼——市场规模。描绘出市场好可以赚大钱的场景，所设计的商业模式让投资人听上去觉得可行，投资人才会想“为什么是你做”。所以，PPT应展示出“因为我的优势很好”，进一步引导投资人思考“你的计划是什么”。

（4）很靠谱——推广策略。只要所展示的方案让投资人觉得靠谱，投资人就会思考“你的预算多少”。

的，就是那些对自己的产品充满无限热情的创业者。因为激情是无法掩饰的。”

一个充满激情的创业者，在投资人面前至少能加一半分数。还有一点要注意的就是，创业者一定要走出自己的舒适区。

10. 路演时要重视穿着

“以貌取人”的情况虽然看上去有些不公平，但很多时候还是存在的，特别是在路演时，一定要重视你的穿着。

11. 多练习

正式路演之前，要练习、练习、再练习。

12. 预见问题，提前回答

如果投资人对你感兴趣，他们肯定会问很多问题，因此要提前对可能问到的问题做到心中有数。

如果你能回答一些非常棘手的问题，那么无疑可以从另一方面展示你的能力，投资人其实非常喜欢看到这一点。

13. 告诉投资人他们的“退出策略”

一个杀手级的融资路演最重要的就是要向投资人展示“退出策略”。实际上很多初创公司都会忽略这个问题，投资关注的是在短时间内能赚到钱，但是“短时间”是多久呢？通常五年是个比较保险的时间范围。之后你需要做的，就是告诉投资人如何在五年之内赚到钱。

而所谓的退出策略，就是未来你是否会上市，被收购，或是授权连锁。在回答这些问题之前，都要做好准备，如未来你公司的销售收入或估值可能会达到多少，投资人往往希望得到更多的回报，而不是希望获得一些边际收益。

★应用案例

“来自美国 Y Combinator 孵化器”路演样本

大家好，我是 Mattan，这是我的合伙人 Chris。我们是 One Month Rails。

一句话总结自己是做什么的：我们教人们一个月在线上学会编程。

重点数据和目前形态：One Month Rails 目前已经盈利，而且利润快速增长。在过去的 4 个月，我们的收入从每月 1 000 美金跃升到每月 40 000 美金。每一门课有 50 万的流量。

优势和亮点：我们如此成功的原因是用户能在这里创建真实生活用的软件产品和应用。图中是一个叫 Sheldon 的学生在我们平台上做的一个真实社交网络网站。当有真实的产品后，我们的用户就能得到升职机会、工作机会，甚至创建自己的公司。我们发明了一个线上视频、社交互动的类似可汗学院的教学模式。

团队和经历：Chris 和我都是线上教育专家。在过去的两年，Chris 在 General Assembly 设计并运营顶级的课程。而我创造了在 Skill Share 上迄今为止最受欢迎的两门课程。我们总共设计过数百项课程并在 Bloomberg、哥伦比亚大学、American Express Open 等机构教授，所以我们懂教育。

战略和发展：在接下来的 6 个月，我们将上线发布已经在线下成功测试的四大模块的课程。这个月是 Ruby，下个月是 Lean Marketing，再下一个月是 HTML CSS，再到 APIs。在 10 个月内，我们就会有十多个模块课程，从 OS 系统到 Python。在当中就能产生出多于 500 万美金的年收入。但是仅仅就是这样吗？我们之所以选择编程课程这个垂直领域是因为我们能很快地进入和占领这个市场，但是这样的一个模式能在其他的垂直领域复制。和只停留在高中市场的可汗学院不一样，用户会愿意支付能在一个月内产生出真实产品的教学。

我们是 One Month Rails。如果您对改变线上教育的现有模式有想法，请与我们联系。

案例思考：请分析项目路演的主要内容是什么？

课后习题

1. 投资回收期是什么？
2. 商业计划书的作用、写作方法及注意事项。
3. 请写一份完整的商业计划书。
4. 风险投资都关注企业的哪些问题？
5. 简述融资路演的方法与技巧。

续表

测评条款	A 完全不符合 – E 完全符合				
我善于和陌生人打交道，而不只是局限于熟人圈内	A	B	C	D	E
我善于向媒体公众推销自己的想法，吸引别人的注意力	A	B	C	D	E
我能同行业内的竞争者更容易实现竞合而非竞争	A	B	C	D	E
我想我能够做到和上下游企业保持紧密合作，相互扶持，共同发展	A	B	C	D	E
我同利益相关团体，如政府机构、金融机构能保持良好关系	A	B	C	D	E
注：A 为完全不符合这种表述，B 为不符合，C 为一般符合，D 为比较符合，E 为完全符合					

测试者根据自己的判断，对上述各题进行选择，这里可以根据选项中 A、B、C、D、E 数量的多少，将创业素质进行简单划分：①如果答案中选 A 的数量最多，那么，你适合创业和守业。如果你能全身心地投入激动人心的创业事业，则收益会更多。机会无限，就看你如何把握了。②如果答案中选 B 的数量最多，那么，你适合创业且比较符合创业的要求，你所需要的是一种守业的能力，应该不断地去完善自己，来保证公司的长期发展和完善。③如果答案中选 C 的数量最多，那么，你具备一定的创业素质但由于缺乏信心使你没能认清楚自己的这种能力。外界的影响会左右你的选择。④如果答案中选 D 的数量最多，那么，你有创业意识但却不愿意创业，在风险和安稳之间你更倾向于后者。⑤如果答案中选 E 的数量最多，那么，你不适合创业或根本就没想过创业，更适合做上班族。你规避风险，倾向于安定生活，不善于开拓。

案例思考：可以从哪些方面测评创业者素质？

11.1.1 测评内容

（1）利用创业之星软件平台中的各项测评，测试自己的创业意愿、创业特质、创业精神、创业知识和创业能力。

（2）通过测试结果，对自己有一个正确的评估，并分组进行讨论。

（3）根据讨论内容，分小组做一个创业者应具备基本素质的报告。

11.1.2 测评注意事项

创业测评注意事项是针对参测者在测评前和测评过程中的相关注意事项，每个参测者务必仔细阅读。

1. 测评前注意事项

（1）测评前请检查计算机上是否安装有浏览器，因为该创业人才测评系统需要使用浏览器进行测评，务必在测评前打开浏览器，建议使用 IE8.0 及以上版本浏览器。

（2）测评前请将使用的浏览器关闭弹出窗口拦截程序或广告拦截工具。

2. 测评过程中注意事项

（1）参测者测评时需在良好的身心状态、充足的时间、安静的环境下认真做题，按照个人真实情况独立完成。否则，会导致测评报告失真，不具有参考价值。

（2）测评过程中因关闭系统、计算机死机或其他异常情况不能继续做题时，在未交卷的情况下退出系统，测评系统会自动记住参测者所做过的试题。参测者可重新登录测评试题界面，将未做完的试题完成。测评结束后一定要单击“交卷”按钮，以完成测评。

（3）参测者测评时请在测评规定的时间内完成测试，若未在规定的时间内全部做完，系统会自动交卷。

11.1.3 测评步骤

1. 通过注册获得用户名、密码

（1）在创业之星首页单击“登录”按钮，然后在左上角单击“注册”按钮，进入用户注册页面。

（2）在用户注册页面依次输入用户名（即测评账户）、密码、虚拟的身份证号、出生年月、所在小组等信息，此处输入的密码为系统登录密码。

（3）输入完毕后，单击“注册”按钮，提示注册成功后单击“确定”按钮。

（4）返回登录界面，根据找到的相应小组选择个人用户名，在上方输入密码，单击“登录”按钮。

（5）进入系统页面后，单击“?”按钮进入测评页面，选择测评项目参与测评。

2. 参与测评

（1）参与创业发展能力综合测评，在测评系统首页选择“创业发展能力综合测评”，进入测试页面。

（2）参与专项测评项目，进入测试页面。

（3）待答题完毕后，单击“交卷”按钮，然后单击“确定”按钮，完成测评。

11.1.4 创业素质模拟测评

1. 创业智商模拟测评

（1）测评问题（对下面的题目，回答“是”或“否”）。

①你父母有过创业的经历吗?

②在学校时，你学习好吗?

③在学校时，你是否喜欢参加群体活动，如俱乐部的活动或集体运动项目?

④少年时代，你是否更愿意一个人待着?

⑤你在学校时是否有过自己做生意的经历，如卖柠檬水、办家庭报纸或者出售贺卡?

⑥你小时候是否很倔强?

⑦少年时代，你是否很谨慎?

⑧小时候，你是否很勇敢而且富于冒险精神?

⑨你很在乎别人的意见吗?

⑩改变固定的日常生活模式是不是开创自己的生意的一个动机?

⑪也许你很喜欢工作，但是你是否愿意晚上也工作?

a. 将大部分的权力释放出去

b. 将一部分的权力释放出去

c. 对各部门的营运事项大权均掌握于手中

⑥进行工作计划时碰上了小的阻碍。你会：

a. 立即请求别人给予帮忙

b. 先经过一阵思考之后，选定几种可能的解决方法，然后请求上司

c. 自己努力寻求解决的办法，直到克服为止

⑦多年来你的公司一直沿用一套销售制度，使公司每年维持10个百分点的成长率，这套制度还算成功。你在其他地方用了另一套制度，你发现每年会有10%～15%的成长率，且此套制度对交易双方都有利，但你需要投资若干时间和资金。你会：

a. 为避免风险，仍沿用老方法

b. 私下就采用新方法，然后等着看结果

c. 建议采用新方法，同时展示已有的好结果

⑧当你建议上司采用你的新方法时，而他却说“不要自作主张”，你会：

a. 放弃你的方法　　b. 过一阵子再向上司游说

c. 直接跟公司总经理或董事长建议　　d. 直接按自己的方法做

⑨你是否参加过新公司的开发计划？

a. 未曾　　b. 偶尔　　c. 经常

⑩当打算对员工进行训练时，你将如何着手？

a. 委托顾问人员，由专家设计课程内容，并亲自训练指导

b. 根据自己的经验和意愿，安排课程内容，并亲自训练指导

⑪以下三个选项中，哪一种对你而言最有成就感？

a. 是公司的最高薪者

b. 在专业领域得到较高的荣誉

c. 成为公司的总裁

⑫以下哪几个部门的工作最能吸引你（选两个）？

a. 行销部门　　b. 行政部门　　c. 财务部门

d. 训练部门　　e. 管理部门　　f. 顾客服务部门

g. 征信及收款部门

⑬担任业务工作，有三种薪资与佣金的选择机会时，你希望的薪资计算方式是：

a. 完全薪水制　　b. 底薪加佣金制　　c. 完全佣金制

⑭当你正准备要出门度假时，接到一位非常有希望成交的大客户，但是必须牺牲假期，你会做何抉择？

a. 请求这位客户再宽延一段时间　　b. 取消或延后度假

⑮小时候，是否玩过较具危险性的游戏？

a. 否　　b. 是

⑯你喜欢什么样的工作步调？

a. 一次做一件，直到完成为止　　b. 一次同时做几件工作

⑰你希望自己每周的工作时数是：

a. 35 小时　　b. 40 小时　　c. 45 小时

d. 50 小时　　e. 60 小时以上

⑱你现在每周的工作时数是：

a. 35 小时　　b. 40 小时　　c. 45 小时

d. 50 小时　　e. 60 小时以上

⑲你正准备去打一个推销电话，你现在的心境是：

a. 觉得运气好的话，可能会成功

b. 觉得有可能完成这项交易

c. 觉得非常有希望完成这笔交易

⑳当你遭遇到工作上的危机时，你会如何形容你目前的精神状态？

a. 以平常心看待，一切尽在掌握之中

b. 虽已掌握局面，但仍有些焦躁

c. 确实受到了相当程度的影响

（2）评分说明。

①a = 2；　b = 6

②a = 3；　b = 10

③a = 7；　b = 5

④a = 1；　b = 2；　c = 3

⑤a = 1；　b = 3；　c = 5

⑥a = 1；　b = 5；　c = 7

⑦a = 1；　b = 4；　c = 5

⑧a = 1；　b = 5；　c = 8；　d = 10

⑨a = 1；　b = 5；　c = 10

⑩a = 1；　b = 3

⑪a = 2；　b = 5；　c = 8

⑫a = 10；　b = 1；　c = 3；　d = 3；　e = 2；　f = 5；　g = 8

⑬a = 1；　b = 5；　c = 10

⑭a = 1；　b = 5

⑮a = 1；　b = 8

⑯a = 3；　b = 6

⑰a = 1；　b = 3；　c = 5；　d = 8；　e = 10

⑱a = 1；　b = 3；　c = 5；　d = 8；　e = 10

⑲a = 1；　b = 3；　c = 7

⑳a = 5；　b = 2；　c = 7

（3）测评结果。

①如果得分为 33 ~ 36 分，适宜做上班职工。

②如果得分为 61 ~ 142 分，适宜以加盟方式创业（合伙人）。

长此以往会造成你自信心缺乏，封闭自我，最后将影响你的事业人生。你的敌人给你的伤害是无形的，所以千万不要以为没有人恨你，你就是大好人。

④选择 d：你是一个情理分明的人。在你的观念里，朋友虽然有通财之义，但绝不能因钱而伤感情。为了自己的权益，也为了自己的人际关系，你将会有进一步诉讼催讨动作。你的权益有进一步保障，也适当地减少了对方的敌对意识，但此法做起来难。很多人认为朋友间借钱不必这么麻烦，但到最后不是自认倒霉就是跟对方撕破脸皮。你最好灌输给对方一种观念，即使亲兄弟也要明算账。

★知识链接

个体素质测评

1. 心理测验

心理测验是通过训练有素的心理学家观察创业者有代表性的行为，依据确定的原则，对其心理特征，如智力、认知、生理能力、价值、个人特质、动机、兴趣、情绪等进行客观的测量，对其行为表现进行推理和数量化分析、分组、分类，以推断受测者的个性特征的一种科学手段，代表性的有“卡特尔 16 种个性因素测验”“加州心理测验”“成功商数分析”等，其优点在于操作简便，记分和解释比较客观，而且反馈迅速；而缺陷在于组织心理测验往往耗时耗力。

2. 行为事件访谈

行为事件访谈是一种开放式的行为回顾式探索技术，是揭示胜任特征的主要工具。这是一种结合关键事例法与主题统觉测验的访谈方式，主要是请受访者回忆过去半年或一年，他在工作上感到最具有成就感（或挫折感）的关键事例，包括情境的描述、有哪些人参与、实际采取了哪些行为、个人有何感觉、结果如何等。在具体访谈过程中，需要受访者列出他们在创业工作中遇到的关键情境，包括正面结果和负面结果，一般各 3 项。通过对访谈对象的深入访谈，收集访谈对象在任职期间所做的成功和不成功的事件描述，挖掘出影响目标岗位绩效的、非常细节的行为。之后，对收集到的具体事件和行为进行汇总、分析、编码，并在不同的被访谈群体（绩效优秀群体和绩效普通群体）之间进行对比，就可以找出目标岗位的核心素质。这种方法是目前在构建胜任力模型过程中使用最为普遍的一种。

3. 情景模拟

情景模拟是指模拟真实的创业工作环境和过程，让创业者在模拟的情景中表现自己的才干，评价员根据测评要素进行评定的一种方法，包括小组讨论、管理游戏和角色扮演等，在此过程中判断环境对个人行为产生的影响，衡量由于行为变化而引起的绩效变化，以此推断受测者的胜任特征。

4. 评价中心

评价中心是一种综合利用多种测评技术手段，由管理人员、监督人员以及受过培训的心理学家组成测评小组，让创业者经过 2～4 天的测试训练，对创业者的特定行为进行观察和评价，从而判断其胜任能力的方法。评价中心包含的主要方法有公文筐测验、口头表达测验、角色模拟、无领导小组讨论等。

上述方法各有其优势与不足，胜任力的全面测评提倡各种方法的有效结合与相互弥补。

目前，100%的测试采用结构化面试的方法，70%左右的测试在采用结构化面试法的同时还采用心理测验的方法，其中又有59%的测试同时采用了评价中心或者行为事件访谈。而从效果上看，评价中心的测评效度为0.68，结构化面试的效度为0.62，能力测验的效度为0.54，而人格测验的效度只有0.38。

课后习题

1. 如何组织创业者素质测评的过程？
2. 应从哪几方面对创业者素质进行测评？

11.2 创业计划书

★学习目标

1. 了解创业计划书的基本结构。
2. 熟悉创业计划书的主要内容。
3. 掌握创业计划书撰写的注意事项。

★导入案例

创业成功的关键在于写好一份创业计划书。

决定创业成功的关键是什么？其实每个创业者心里都清楚，那就是找到一个信任你的投资人，但是如果你要找的投资人不是你的亲戚或者好朋友，而是一个从未谋面的职业投资经理，那你就需要写一份高质量的商业计划书。

所谓高质量，并不仅仅局限于合理的排版、精美的印刷和花哨的包装，更重要的评判标准是能让投资人产生强烈的投资冲动。这当然不容易，但你必须正视这个现实，因为僧多粥少，钱永远是不够用的。可惜，有太多的创业者过于自信，总认为凭着一腔热情，凭着一个美妙的故事，凭着在电梯里与投资人的偶遇，就能搞定他们。

一份创业计划书，无非是要写清楚三大要素：你是谁、你要做什么、你怎么做。如果要把这三大要素换成看起来更专业一点的词语，那就是核心团队、商业模式、市场空间。

11.2.1 创业计划书概述

1. 创业计划书的概念

创业计划书即创业策划报告，是创业者开始对市场进行考察及迈出市场大门的第一步。能够制定一个完善的创业策划报告，可以让创业者的创业过程避免不少麻烦。

创业计划书通常是市场营销、财务、人力资源计划等各项职能计划的集成，它同时也是新创企业最初几年的短期与长期的经营规划与目标，是未来的企业行动指南和推销企业的报告。

对主要管理和技术人员采取的激励机制；公司是否聘请外部管理人员（会计师、律师、顾问、专家）；公司对知识产权、专有权、特许经营权等情况的说明；公司对商业机密、技术机密等的保护措施的说明；对公司是否存在关联经营和家族管理问题的说明。

7. 行业及市场分析

行业及市场分析内容包括公司所属行业的历史、现状和未来发展趋势；公司产品是行业里的上游、中游还是下游产品；公司产品所在的行业段，目前全世界（全国）的市场容量有多大，这一容量每年的增加或减少速度，每年实际的市场销售达到市场容量的比重，这一需求每年的增加或减少速度；公司目前每年的销售收入占市场实际销售份额的比重。

8. 市场竞争及营销策略

市场竞争及营销策略内容包括公司产品所在的市场范围里有哪些竞争对手，他们所占市场份额是多少，本公司所占的市场份额是多少；与竞争对手产品相比，公司产品有哪些独特之处，这些独特之处对客户是否有用，公司产品的独特之处能否被竞争对手效仿，公司是否采取实际措施保护自己的产品特点；如果公司产品与竞争对手产品相比没有技术上、设计上或其他方面的独特之处，公司采取哪些有效手段与对手竞争，竞争的结果能否提高本公司产品的市场份额，预计经过竞争本公司的份额能提高到多少；公司产品的客户是哪些人，他们的分布情况，他们怎样知道本公司的产品；公司采取哪些市场营销手段（广告、展销会、培训班、电脑直销、电话销售、上门直销、分销网、零售网、邮购）；销售过程和步骤；营销成本；准备拓展哪些新市场；推出新产品的市场准备；现有的几家大客户。

9. 研究与开发

研究与开发内容包括公司现有技术开发人员数量；公司有哪些开发设备；公司现有产品的技术水平（国内、国际先进、领先）；技术负责人的技术水平和管理能力；与同行业其他企业相比，公司技术人员的收入水平；技术人员每年流失的比例是多少；公司采取哪些措施保护关键技术；公司每年的技术开发投入占销售收入的比例。

10. 生产过程

生产过程内容包括生产地点；是委托生产还是自己生产；是否能够保证原材料的供应，选择了几家供应商；生产设备性能质量如何；生产设备的最大生产能力能否满足市场增长的需要；交通运输条件是否良好；周边生产配套情况；采取了哪些生产管理制度，是否完善，执行情况如何；检测设备；成品率、返修率、废品率等情况。

11. 资金需求情况及融资方案

资金需利情况及融资方案内容包括资金需求计划：为实现公司发展计划所需要的资金额，资金需求的时间性；资金用途：详细说明资金用途，并列表说明；融资方案：公司所希望的投资人及所占股份的说明；资金其他来源：银行贷款等。

12. 项目实施进度

项目实施进度内容包括项目实施的计划进度及相应的资金配置、进度表。

13. 财务计划

财务计划内容包括当前资产负债平衡表；第一年每个月的销售收入预测，3～5 年销售收入预测，上述数据中实际回款预测，上述月份和年份销售费用预测，上述月份和年份财务费用预测，上述月份和年份管理费用预测，上述月份和年份其他费用预测；第一年每个月的现金流量表，3 年的现金流量表，3 ~5 年的资产负债平衡表；投资回收期计算，盈亏平衡计算；结论。

14. 风险因素

创业计划书中应详细说明该项目实施过程中可能遇到的风险，并提出有效的风险控制和防范手段，具体包括技术风险、市场风险、管理风险、财务风险、其他不可预见的风险。

15. 投资者退出方式

投资者退出方式主要有以下几种：①股权回购。依照事业商业计划的分析，公司对实施股权回购的计划应向投资者说明。②利润分红。投资商可以通过公司利润分红达到收回投资的目的，按照本商业计划的分析，公司对实施股权利润分红的计划应向投资者说明。③股票上市。依照商业计划的分析，对公司上市的可能性做出分析，对上市的前提条件做出说明。④股权转让。投资商可以通过股权转让的方式收回投资，公司对投资商进行股权转让的说明。

16. 其他（参考）

指出三名公司之外的投资推荐人，最大元器件、原材料供应商的电话和联系人，最大分销商电话和联系人，公司最大结算银行的电话和联系人，公司应收款的滞后期，公司应付款期限，公司产品库存一般保持在怎样的数量，公司元器件、原材料的储备情况，增值税、所得税申报情况，前几年利润分配情况，公司总经理详细的个人简历及证明人。

17. 附录

附录中主要列明支持上述信息的文件资料。例如，详细的财务计划，管理层建立，销售手册，专利证书，媒介关于公司产品的报道，公司产品的样品、图片及说明，有关公司及产品的其他资料，以及其他需要进一步说明或提供佐证的事实材料。

★应用案例

上海盛旦科技股份有限公司创业计划书项目摘要

1. 公司

上海盛旦科技股份有限公司秉承“Tech Application 应用科技”的经营理念，努力将高科技实用化，满足大众需求。公司目前拥有的一次性打印电池技术是由复旦大学化学系研究开发，拥有完全的知识产权并已申请专利。

盛旦在一次性打印电池技术的基础上首先推出了“闪电贴（Flash Tip）®”一次性超薄手机电池系列产品，填补了一次性手机电池的市场空白。目前手机已经成了人们生活中不可或缺的消费品之一，据统计目前全国已有手机用户 2.5 亿，但手机的不便之处也逐渐暴露，例如，关键时刻电量不足、突然断电的现象常常给人们带来很多尴尬，特别是外出洽谈商务或结伴出游时手机电池的突然断电有时会给人们带来很大的损失。虽然一些大商场提供了临时充电器，但由于充电需等候多时，且只有少数大商场提供此类服务等原因，手机电量的及时补充问题还未得到根本解决。“闪电贴（Flash Tip）®”系列一次性超薄手机电池正是针对这一市场空白而推出的最新产品。

2. 市场

"闪电贴（Flash Tip）®"的目标群体主要定位于出差的商务人士、旅游群体以及往来商旅等，一张1 mm厚、面积与传统电池板相仿的产品将提供约为12小时的电池电量，只需将其贴于现有电池表面即可电力十足，轻便而快捷，既可以作为应急使用，尽可能地降低短期断电造成的通讯中断损失，也可省却外出携带充电器等不必要的麻烦，作为常用的备用手机电池。当然，由于其较高的性价比，其他普通消费者也可以接受。

在区域市场上，初期以国内市场为主，先大中城市后小城市，同时在适当的时间进入国际市场，利用全球化的市场需求获得规模竞争优势。

3. 生产与营销

盛旦准备在上海张江高科技园区设立加工基地，由于具有成熟的技术（主体技术为现代喷墨打印技术和纳米材料技术），产品的加工工艺并不复杂，主要设备为打印设备和电池材料配置设备。初期成本为1.2元/贴（大小类似普通手机电池，厚度为1 mm，待机时间12 h），售价5元/贴，随着生产规模的扩大，成本将不断降低。由于其市场容量巨大而且目前尚处于空白状态，因此市场前景巨大。

由于"闪电贴（Flash Tip）®"属于快速消费品的范畴，所以在营销上采用大规模铺货的方式，占领便利店、超市、书报亭等主要的销售渠道，使消费者可以及时方便地获取产品。同时，第一年进行大量的派送试用，且投入一定资金做前期推广，通过各种媒体广告和各种促销活动推广产品知名度。在市场上采取先立足上海，后逐渐有计划、分步骤地推向全国。第一年销售37万片，第二年销售45万片，第三年开始，销售额和利润都大幅上升。

4. 投资与财务

公司设立在张江高科技园区，属于国家支持的中小型高科技企业，税收上享受"两年免征所得税"的政策。公司成立初期需资金720万，其中风险投资520万，盛旦公司投资（管理层和化学所投资）100万，流动资金贷款100万；其中用于固定资产投资155万，流动资金565万。

股本规模及结构定为：公司注册资本800万元人民币。其中外来风险投资入股520万（62.5%），盛旦专利技术入股180万（22.5%），资金入股100万（12.5%）。

公司从第三年开始盈利，到第四年后利润开始大幅增长，内部收益率为50.1%。风险投资可通过分红和整体出让的形式收回投资。

5. 组织与人力资源

公司成立初期采用直线型的组织结构，由总经理直接向董事会负责；3~5年后随着新产品的推出开始采用事业部型组织结构。公司初期创业团队主要来自复旦大学管理学院，成员各司其职，都具有相关领域的专业知识和运作经验，且优势互补，同时公司拥有复旦大学化学所技术人员作为公司技术支持。此外，公司还邀请多位管理学院教授作为经营顾问。

案例思考：创业计划书是否有统一的格式和内容要求？

11.2.3 撰写创业计划书的基本准则

一份高质量的创业计划书，不仅可以用来证明创业者有能力处理新企业所面临的各个问题，而且还有利于创业者与企业外部利益相关者进行新创企业价值方面的沟通，并借此获得创业融资。事实证明，多数投资者和银行家不会连创业计划书都没有看到就“即兴表态”对一些企业进行投资。因此，撰写创业计划书应遵循以下基本准则。

1. 简洁清晰

阅读创业计划书的人往往都惜时如金，他们可能会有意无意地通过你对自己企业的描述作出判断。因此，一份好的实施概要要能够让投资者了解新创企业的吸引力所在，能够使投资者看到关于企业长期使命的明确论述，以及人员、技术和市场的总体情况。通常情形下，阅读者通过快速浏览实施概要，了解新企业的概貌后，觉得计划很有说服力和吸引力，才会继续看下去。实施概要好比一个人的脸，而封面、目录及企业名称好比眉毛、眼睛和鼻子。这些部分是否“修饰”得美观整洁，直接影响阅读者对创业计划书质量的“第一印象”。因此，撰写实施概要时力求做到简明扼要、条理清晰。

2. 排版规范，装订美观

创业计划书中的封面、目录、实施概要、附录、图表等部分是否合理编排、美观整洁，直接影响阅读者对创业计划书的评价。也就是说，排版、装订和印刷不能粗糙，否则，给人以不认真、不重视的感觉。因此，创业计划书的排版要力求规范，装订要整齐美观。

3. 避免言过其实

好的创业计划书以其客观性说服、打动读者。创业计划书要吸引人，必须切合实际，不能过分乐观。过分乐观的陈述或预测会破坏它的可信度。例如，有关销售潜力、收入预测估算、增长潜力都不要夸大。最好的、最差的、最有可能的方案，都要在创业计划书中体现出来。实际上，许多风险投资者常使用一种“计划折扣系数”，认为“成功的新企业通常只能达到他们计划财务目标的大约50%”。因此，撰写创业计划书时，应实事求是，切忌过分夸张、言过其实。

4. 突出关键风险因素

阐述新企业在运营过程中可能会遇到的关键风险因素，是创业计划书中不可或缺的部分。这部分内容是投资者和银行家所关注的重点。识别并讨论新企业中存在的风险，可以证明创业者作为一名准职业经理人的综合素养，可以增加投资者对创业者团队的信任度。主动指出并讨论风险，有助于向投资者表明创业者已清醒地考虑过它们，并能够处理和控制好这类风险，因而使“风险的乌云”不再萦绕在投资者的脑海里。因此，撰写创业计划书，要陈述创业者的危机管理能力，要让投资者觉察到这些风险对创业者团队来讲是可以驾驭和控制的。创业计划书中若没有清晰地陈述将来的问题，没有重视计划中可能的瑕疵，没有应急或变通计划，这样的创业计划书一般很难被投资者和银行家所青睐。

5. 凸显优秀创业团队信息

撰写创业计划书的管理部分，一定要让投资者接收到创业团队具有较强管理能力和资源整合能力的信号，这些信号是他们最想知道的信息。风险投资者有一种共识：宁可投资产品创意弱、创业团队强的项目，也不愿投资产品创意强、创业团队弱的项目。因此，创业者在组建创业团队时，要考虑团队成员的综合能力、先前经验、教育背景以及志向、志趣与品德等因素，以便撰写创业计划书时能够使风险投资者或银行家们接收到创业热情高、专业经验丰富、人脉资源广、创新能力强和专业知识优势互补等创业团队信息。

11.2.4 创业计划书的编写

1. 创业计划书的编写步骤

准备创业方案是一个展望项目的未来前景，细致探索其中的合理思路，确认实施项目所需的各种必要资源，再寻求所需支持的过程。需要注意的是，并非任何创业方案都包括上述大纲中的全部内容。创业内容不同，相互之间差异也就很大。一般而言，创业计划书的编写步骤是：经验学习→创业构思→市场调研→方案起草→修饰→检查。其中在修饰阶段，首先，根据创业计划书，把最主要的内容做成一个 1 ~ 2 页的摘要，放在前面；其次，检查一下千万不要有错别字之类的错误，否则，别人会怀疑你做事的严谨程度（检查要点见表 11-3）；最后，设计一个漂亮的封面，编写目录与页码，然后打印、装订成册。

表 11-3 创业计划书检查要点

序号	检查要点
1	创业计划书是否显示出你具有管理公司的经验
2	创业计划书是否显示出你有能力偿还借款
3	创业计划书是否显示出你已进行过完整的市场分析
4	创业计划书是否容易被投资者所领会。创业计划书应该备有索引和目录，以便投资者可以较容易地查阅各个章节；还应保证目录中的信息流是有逻辑的和客观的
5	创业计划书是否有计划摘要并放在了最前面，计划摘要是否写得引人入胜
6	创业计划书是否在文法上全部正确
7	创业计划书能否打消投资者对产品（服务）的疑虑

2. 创业计划书的编写技巧

创业计划书是创业者所写的商业文件中最主要的一个。那么，如何编写出一份好的创业计划书呢？为了确保创业计划书能“击中目标”，创业者应做到以下几点：

（1）了解市场。创业计划书要给投资者提供企业对目标市场的深入分析和理解，要细致地分析经济、地理、职业以及心理等因素对消费者选择购买本企业产品这一行为的影响，以及各个因素所起的作用。创业计划书中还应包括一个主要的营销计划，计划中应列出本企业打算开展广告、促销以及公共关系活动的地区，明确每一项活动的预算和收益。创业计划书中还应简述一下企业的销售战略。

（2）关注产品。在创业计划书中，应提供所有与企业的产品或服务有关的细节，包括企业实施的所有调查。这些问题包括产品的市场前景分析、产品的独特性、企业分销产品的方法、产品的生产成本、售价等。企业发展新的现代化产品的计划是什么？把投资人拉到企业的产品或服务中来，这样投资人就会和创业者一样对产品有兴趣。在创业计划书中，企业家应尽量用简单的词语来描述每件事——商品及其属性的定义对企业家来说是非常明确的，但其他人却不一定清楚它们的含义。

（3）表明行动的方针。企业的行动计划应该是无懈可击的。创业计划书中应该明确下列问题：企业如何把产品推向市场？如何设计生产线，如何组装产品？企业生产需要哪些原料？企业拥有哪些生产资源，还需要什么生产资源？生产和设备的成本是多少？企业是买设备还是租设备？解释与产品组装、储存以及发送有关的固定成本和变动成本的情况。

（4）敢于竞争。在创业计划书中，创业者应细致分析竞争对手的情况，要明确每个竞争者的销售额、毛利润、收入以及市场份额，然后再讨论本企业相对于每个竞争者所具有的竞争优势，而且要向投资人展示自身的优势。创业计划书要使它的读者相信，本企业不仅是行业中的有力竞争者，而且将来还会是确定行业标准的领先者。在创业计划书中，企业家还应阐明竞争者给本企业带来的风险以及本企业所采取的对策。

创业计划书必须说明两点：一是创办企业的目的——为什么要冒风险，花精力、时间、资源、资金去创办风险企业？二是创办企业需要多少资金，为什么需要这么多的资金，为什么投资人值得为此注入资金？对已建的风险企业来说，创业计划书可以为企业的发展定下比较具体的方向和重点，从而使员工了解企业的经营目标，并激励他们为共同的目标而努力。更重要的是，它可以使企业的投资人以及供应商、销售商等了解企业的经营状况和经营目标，说服投资人为企业的进一步发展提供资金。

★知识链接

创业计划书中常见的七种错误

1. 忽略现金流

最早期的商业计划几乎完全集中在盈利能力，如相关费用支出如何能够产生更多的利润。但是，更重要的是要考虑现金流的概念。从技术上讲，企业可以在纸上“有利可图”，但仍有现金流问题。想象一下，在一个场景中，账单堆积和客户不按时支付发票。那么，负现金流可能会使公司陷入破产倒闭的境地，所以确保现金流管理策略是创业计划书中重要的一部分。

2. 过多地表述个人想法

个人想法是很重要的，但在商业计划书里它不是最重要的。如果你把个人想法放在根本上，回避一些细节性的思考，如“这个想法很好，足够用来工作”，那么你已经创建了一个有缺陷的商业计划了。

即使是最好的想法仍然需要一些实际的可操作方案来奠定成功的基础。你的重点应该是少用一些“什么”和“如何”，“哪儿”和“等到”之类的词语。

3. 没有具体目标

在设定目标时，你需要具体描述场景或长期模型。大多数初创企业家会跳过细节，只给一个模糊的描述，如“在前几年大幅增长”，而不是“在第一年销售增长 40%，第二年 30%”。这里有两个原因：一是懒惰（或缺乏提供更具体的信息的渴望），二是担心你的数字可能是错的。数字可以是错的，但是如果你想要得到一个可衡量和可操作的目标，你必须给出一个具体的描述。

4. 商业模型不现实

具体的目标往往并不足以让你的商业计划可行，你还需要设置现实的数据和期望值。

大多数创业者会乐观地预测指数增长——他们的描绘中会有一段缓慢增长甚至没有增长的时期，紧随其后的是一个“临界点”，此后销售迎来爆炸式的增长。事实是，大多数企业并不会这样，设置不切实际的期望只会伤害你自己。

5. 没有重点

如果你有一个30项优先级列表，你也可以有一个0的优先级列表。“优先级”这个词意味着一个项目正在优先于另一个，这要求你完全过滤掉一些次要任务。

如果你想要有效地建立一个业务，你不能所有事都做到面面俱到，你的商业计划必须反映出这一点。

6. 缺乏足够的研究

你的商业计划中有多少项是你凭空揣测写出来的，基于实际的定量数据又是多少？

如果你在你的领域有很丰富的经验，你可以自己得出重要结论，但它永远都不能是一个坏主意带来的更多研究。

7. 计划很草率或凌乱

记住，你不是唯一一个阅读你商业计划书的人。投资人、合作伙伴，甚至是新加入的团队成员，都有可能因为你的商业计划书而改变决定。如果你的计划书写得十分凌乱且部分语言组织不当，会给阅读者留下一个坏印象（即使计划书上的内容只是理论上的东西）。

将每一个缺陷单独提取出来或许不会给你的生意带来什么坏的影响，但如果积累起来，它们会对你的创业之路产生实质性的影响。

当然，不管怎样，你的商业计划书都不会完美无缺，它不能帮你预测一切，但尽早地修复这些令人震惊的错误将有助于你在创业初期获得动力，有助于你发展业务。

11.2.5 创业计划书的范例

1. 生态农林牧科技示范园区创业计划书

（1）主要内容。本项目方案对项目的产品、服务、市场、战略、生产运作、财务、资金、风险以及组织结构和人力资源等各方面进行了分析和论述，力图将项目的可行性和具体运作方案尽可能详细地体现出来，以利于今后项目的实施。

（2）结构安排。

第一部分　创业方案概述

1.1　创新业务背景

1.2　项目发起

1.3　产品概述

1.4　市场与竞争简况

1.5　市场营销策略简述

1.6　公司组织与人力资源概述

1.7　风险及对策

1.8　财务分析

第二部分　项目发起

2.1　项目发起原因

2.2　项目指导思想、基本思路及实施方案

2.3　项目构思及简介

2.4　项目特点

第三部分　产品和服务
　　3.1　产品结构
　　3.2　产品和服务内容及特征分析
　　3.3　工艺技术及鉴定情况
第四部分　市场分析
　　4.1　市场需求
　　4.2　市场细分
　　4.3　市场的吸引力
　　4.4　目标市场的选择
第五部分　企业战略
　　5.1　行业发展现状
　　5.2　竞争分析
　　5.3　战略目标
　　5.4　战略思想
　　5.5　竞争策略
　　5.6　营销策略
第六部分　园区建设规划与生产方案
　　6.1　园区建设规划
　　6.2　运作方式
　　6.3　生产规模
　　6.4　生产过程
　　6.5　物流管理
　　6.6　质量控制
第七部分　公司组织与人力资源管理
　　7.1　公司成立与目标
　　7.2　公司发展规划
　　7.3　公司现状
　　7.4　公司发展战略
　　7.5　公司治理结构
　　7.6　组织机构设置
　　7.7　人力资源配置
　　7.8　组织管理方式
第八部分　投资估算和资金筹措
　　8.1　投资预算
　　8.2　资金筹措
　　8.3　股权分配
第九部分　风险及对策
　　9.1　风险分析

9.2 风险对策

第十部分 财务预测与分析评价

10.1 投资预算

10.2 收入、成本、税金及利润估算

10.3 财务效果指标计算

10.4 不确定性分析

2. 星软软件创业计划书

(1) 主要内容。本项目方案对以期房查看软件作为核心产品的软件创业企业进行市场分析、组织结构分析、营销策略分析、成本经营计划分析、风险控制及防范分析、投资者退出方式分析等，以对新创企业进行全方位评估。

(2) 结构安排。

第一部分 项目摘要

第二部分 创业分析

2.1 创业人简介

2.2 软件行业调查

2.3 房地产行业调查

2.4 房地产软件行业调查

第三部分 项目简介

3.1 项目背景

3.2 产品简介

3.3 新创业公司简介

3.4 研发地点选择

3.5 营销地点办事处选择

第四部分 营销分析

4.1 市场分析

4.1.1 房地产应用软件供应商分析

4.1.2 SWOT 分析

4.2 营销调研

4.2.1 确定问题和调研目标

4.2.2 调研计划的制订

4.2.3 收集信息

4.2.4 分析信息

4.3 营销策略

4.3.1 产品策略

4.3.2 价格策略

4.3.3 分销策略

4.3.4 促销策略

4.4 营销管理

第五部分　公司战略

5.1　企业愿景与使命陈述

5.2　外部分析

5.3　内部分析

5.4　战略分析与选择

第六部分　组织结构设计与薪酬管理

6.1　组织结构起作用的必要条件

6.2　组织设计方法

6.3　星软软件不同阶段的组织结构

6.3.1　创业前期

6.3.2　创业中期

6.3.3　创业后期

6.3.4　企业高速发展期

6.4　薪酬管理

6.4.1　内部一致性

6.4.2　建立具有市场竞争力的薪酬体系

6.5　人员招聘计划

第七部分　财务计划

7.1　项目的预期投资

7.1.1　创业初期

7.1.2　创业中期

7.1.3　创业后期

7.2　现金流量分析

7.2.1　现金流量表

7.2.2　投资回收期

7.2.3　项目收益分析

7.3　资产负债表

7.4　损益表

7.5　项目财务风险分析

第八部分　项目风险管理

8.1　风险分析

8.1.1　市场风险

8.1.2　技术风险

8.1.3　管理风险

8.1.4　财务风险

8.2　应对措施

8.2.1　市场风险的应对

8.2.2　技术风险的应对

课后习题

1. 撰写创业计划书的基本准则是什么？
2. 创业计划书的主要内容包括什么？

11.3　创业准备

★学习目标

1. 认识创业过程中需要完成的所有注册流程工作。
2. 了解相关政府或机构的职能及需要填写的表单。
3. 掌握企业整个注册过程。

★导入案例

企业注册的流程

公司注册是创业的第一步。一般来说，公司注册的流程包括：企业核名→提交材料→领取执照→刻章，就可以完成公司注册，进行开业了。但是，公司想要正式开始经营，还需要办理以下事项：银行开户→税务报到→申请税控和发票→社保开户。

公司注册流程有以下几个步骤：

第一步　核准名称。时间是1～3个工作日，操作是先确定公司类型、名字、注册资本、股东及出资比例后，然后去工商局现场或线上提交核名申请。结果有两种：一是核名通过；二是失败则需重新核名。

第二步　提交材料。时间是5～15个工作日，操作是核名通过后，确认地址信息、高管信息、经营范围，在线提交预申请。在线预审通过之后，按照预约时间去工商局递交申请材料。结果是收到准予设立登记通知书。

第三步　领取执照。时间是预约当天。操作是携带准予设立登记通知书、办理人身份证原件，到工商局领取营业执照正、副本。结果是领取营业执照。

第四步　刻章等事项。时间是1～2个工作日。操作是凭营业执照到公安局指定刻章点办理公司公章、财务章、合同章、法人代表章、发票章。至此，一个公司注册完成。

案例思考：企业注册的流程有哪几个具体步骤。

11.3.1　实训内容

1. 实训课时

创业之星的创业准备实训环节总时间安排约为 12 个课时，其中理论讲解时间约为 6 个课时，创业之星模拟实训操作时间约为 6 个课时，具体可根据实际情况灵活安排。

2. 实训教学形式

教师开设新的班级并开放教室后，所有参加实训的学生可以登录进行训练。在创业之星软件平台的创业准备环节，包括了现实中企业注册时涉及的所有部门流程与任务。这部分的实训教学可以有两种模式：小组模式或个人模式。

（1）小组模式。学生以小组为单位组建公司的创业团队，共同完成创业企业的筹建工作。每个小组的总人数一般建议不超过 6 人，一方面便于小组形成团队，相互交流讨论；另一方面也直接与后面的创业管理环节相连接，可以贯穿创业之星软件整个模拟实训的全过程。在小组模式下，一家企业将由多名股东构成，即小组的所有成员都是这个即将成立的企业的股东，每人的股份可根据初始创业资金进行平分或任意分配。在这种模式下，部分注册流程需要输入所有股东的姓名、身份证号、投资额等信息。

（2）个人模式。所有参加训练的学生也可以以个人形式进行这部分的模拟实训。直接由个人组建一家公司，股东就是他本人，个人独立完成创业之星软件平台中创业准备环节的所有登记注册流程，并最终领取公司营业执照等资料。

3. 实训具体内容

当创业者有了想法，并已经做好了资金、人员、技术、场地、设备、公司名称等方面的各项准备工作后，就进入了企业的初创阶段。在公司正式成立运营前，需要先完成公司工商登记注册审批以及相关的手续流程工作，具体来说包括以下流程：①名称审核；②租赁场地；③公司章程；④银行注资；⑤验资报告；⑥工商登记；⑦申请刻章；⑧质量监督；⑨银行开户；⑩税务登记；⑪社会保险。公司工商登记注册审批流程如图 11-2 所示。

11.3.2　实训步骤

1. 申请登记公司名称

设立有限责任公司应当由全体股东指定的代表或者共同委托的代理人向工商登记机关申请名称预先核准登记。公司名称预先核准登记应提交的材料有《企业名称预先核准申请书》，全体投资人签署的《指定代表或者共同委托代理人的证明》及指定代表或共同委托代理人的身份证复印件，股东的主体资格证明或自然人身份证明复印件，其他需要提交的材料。

工商行政管理部门在收到申请人提交的名称预先核准登记所需材料后，一般会即时做出核准或驳回的决定。预先核准的公司名称保留期为六个月，过期未办理公司注册将失效。

操作步骤：

①在主场景单击“工商行政管理局”入口，进入工商局内部，或在导航仪表盘上单击“工商”按钮快速进入工商局。在办事大厅内可以看到有三个办事窗口，单击最左边的“名称审核”窗口。

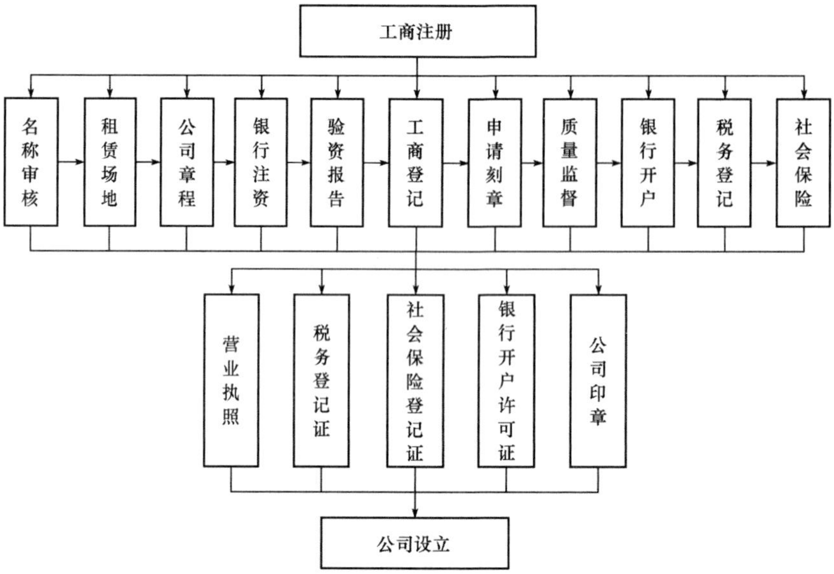

图 11-2　公司工商登记注册审批流程

②在弹出窗口中，选择“指定代表证明”，按要求填写相关信息，并在窗口右下角的投资人签字位置单击“签字”按钮确认。

③再选择第一个菜单中的“名称预先核准”，完成公司名称预先审核申请书的信息填写。

④全部填写完成后提交，如填写内容符合要求且公司名称没有和其他小组冲突，会提示申请成功，可以保留申请的名称作为公司名称。对于各个项目的填写注意事项，在“填写说明”页面中有简要说明，不清楚时可以去查看相关帮助信息。

⑤单击菜单栏中的“公司注册进度”按钮，可以查看到目前公司的注册流程已经完成了哪些工作，进展到了哪一步。公司注册涉及的每一个机构的决策页面都会有这个帮助页面，可以帮助学生快速了解注册流程的进度情况。

⑥“相关法律法规”菜单中提供了与工商登记注册有关的国家法律法规，一方面可以帮助学生在学习中了解相关的法律知识，另一方面可以使学生更好地理解注册中的一些规定与要求。

2. 租赁办公场所

首先，公司需要先确定办公场所，完成办公场所的租赁。公司可以使用投资人的自有住所作为公司经营场所，也可以租赁场地作为公司的经营场所。如果租赁场所，需要与出租方签订租房协议。

操作步骤：

①进入创业之星软件，单击“创业大厦”的入口处，由于是第一次进入，页面会提示是否租赁办公场所，单击“确定”按钮，办理房屋租赁合同。

②根据系统提示完成房屋租赁合同的签订，单击合同右下角的乙方负责人签字处的笔形按钮，完成合同的签订。

③合同签订成功后，系统会自动为你分配一间办公室，请记下办公室的详细地址信息，因为后面会用到。

3. 订立公司章程

订立公司章程是设立公司的条件之一。审批机关和登记机关要对公司章程进行审查，以决定是否给予批准或者给予登记。公司没有公司章程，不能获得批准，也不能获得登记。

操作步骤：

①在主场景单击“创业大厦”入口，进入公司办公场景，或在导航仪表盘上单击“公司”按钮，快速进入公司内部。单击“会议室”窗口，在弹出窗口中选择“公司章程”，完成公司章程的编写工作。也可以在其他地方写好后粘贴到此处。

②编写完成后，在公司章程的最后“全体股东签名”位置处单击“签名”。如果一个小组有多个股东构成，则其他股东会自动完成签名。

4. 公司注册资金

根据公司章程里确定的所有股东及其投资情况，将公司所有股东的注册资金存到银行的公司临时账户上。所有款项到账后，由银行出具资金报告，说明所有投资人的存入资金情况。

操作步骤：

①在主场景单击“创业银行”入口，进入创业银行，或在导航仪表盘上单击“银行”按钮，快速进入创业银行。

②单击“对公业务”窗口，在弹出窗口中单击“股东资金存款”按钮，确认将所有股东资金存入银行。

5. 领取验资报告

（1）验资证明的概念。验资证明是会计师事务所或者审计事务所及其他具有验资资格的机构出具的证明资金真实性的文件。依照《中华人民共和国公司法》规定，公司的注册资本必须经法定的验资机构出具验资证明，验资机构出具的验资证明是表明公司注册资本数额的合法证明。依照国家有关法律、行政法规的规定，法定验资机构是会计师事务所和审计事务所，具体由在会计师事务所工作的注册会计师或在审计事务所工作的经依法认定为具有注册会计师资格的注册审计师出具验资证明。

（2）办理验资证明。委托人委托验资机构，验资需按规定办理委托手续，填写委托书。并提交下列文件：

①公司章程。

②公司名称预先核准通知书。

③投资人的合法身份证明。

④验资机构要求提交的其他文件。

⑤各类资金到位证明：以货币出资的应提交银行进账单；以非货币出资的应提交经有法定评估资格的机构评估的报告书和财产转移手续；以新建或新购入的实物作为投资的，也可以不经过评估，但要提供合理作价证明。建筑物以工程决算书为依据，新购物品以发票上的金额为出资额。

收到所有要求的证件资料后，会计师事务所会核发验资报告，连同验资证明材料及其他附件，一并交与委托人，作为申请注册资本的依据。

（3）股东认缴出资。有限责任公司股东和股份有限公司发起人的出资方式有以下几种：

①货币。设立公司必然需要一定数量的货币，用以支付创建公司时的开支和生产经营费用，所以，股东可以用货币进行出资。

②实物。实物指有形物，即能看得见摸得到的东西。实物出资一般是以机器设备、原材料、零部件、建筑物、厂房等作为出资。

③工业产权。工业产权是一个内容非常广泛的概念，按照我国已经加入的《保护工业产权巴黎条约》的规定，工业产权的保护对象为：发明、实用新型、外观设计、商标服务标记、厂商名称（商号）、货源标记或原产地名称等。抽象地说，凡是可用于工业（更确切地说是各种生产经营的行为）领域的，能够提高企业市场竞争力并能创造利润的智力创作成果，都属于工业产权。但严格来说，只有那些经过法定程序被依法授予的，并在一定时间内和地域内所独占的受法律保护的财产权利（也包括基于该财产权利所产生的人身权利），才是这里所说的工业产权。在我国主要是指专利权（包括发明、实用新型和外观设计三种专利权）、注册商标专用权（包括商品商标和服务商标两种商标专用权）。这些工业产权可分别依据《中华人民共和国专利法》《中华人民共和国商标法》等法律和行政法规取得。工业产权在法律上属于无形财产。

④非专利技术。确切地说，应当是非专利成果，它是受《中华人民共和国技术合同法》保护的一种无形财产。在广义上，它可以被看作是一种特殊的工业产权，但在狭义上，由于未经法定程序授予，也无独占性和明确的时间、地域限制，故被排斥在工业产权之外。有时，人们习惯中又将其称作技术诀窍或专有技术。但技术诀窍或专有技术往往难以严格定义，而就非专利技术而言的，具体包括三种情形：一是专利法明文规定不予保护的技术；二是虽然符合专利法保护的条件，但未申请专利的技术；三是经过申请未被授予专利权，但尚未被公众知晓的技术。

⑤土地使用权。土地使用权是一种财产权利，即依据法律规定的程序和方式合法取得的使用土地的权利。从财产的分类上讲，应当划作有形财产，但他又不同于土地本身。因为它涉及土地的使用，而不涉及对土地所拥有的其他权利。在我国，土地所有权只能属于国家或集体劳动群众（后者仅限于农村），除国家建设征用土地外，土地是不能被买卖的，只能被依法租用。即便是全民所有制的单位，也只能依法取得土地的使用权利。其所有权仍归国家。土地使用权的取得是有期限的，在该期限内，使用人有权将其依法使用的土地用作出资，但在使用期限届满时，土地便应重新回到其所有人国家或集体的手中。

股份有限公司的非发起人股东只能用货币出资。股东出资必须符合下列要求：股东以货币出资的，应当将货币出资一次足额存入准备设立的有限责任公司在银行开设的临时账户。

股东以实物、工业产权、非专利技术、土地使用权出资的，必须进行评估作价，并依法办理转移财产或者使用权的手续，这里的手续是指过户手续，如以房产出资的必须到房管部门办理转让所有权的手续。以工业产权、非专利技术作为出资的金额不得超过公司注册资本的20%。但是，国家对采用高新技术成果有特别规定的除外。股东应当足额缴纳公司章程中规定的各自所认缴的出资额。股东全部交纳出资后，必须经过法定验资机构验资并出具证明。

（4）操作步骤。

①在主场景单击“会计师事务所”入口，进入会计师事务所，或在导航仪表盘上单击“会计”按钮，快速进入会计师事务所。

②在弹出窗口中单击“出具验资报告”菜单，完成公司股东注册资金的验资，并领取验资证明。

6. 公司设立登记

（1）根据法律规定，由工商行政管理部门负责对企业的开业、变更、停业及其经营活动进行监督管理。完成验资并拿到事务所出具的验资证明报告后，凭相关资料到工商行政管理局办理公司设立登记手续。

（2）办理有限责任公司设立登记应提交的材料有以下几种：

①公司法定代表人签署的《公司设立登记申请书》。

②全体股东签署的《指定代表或者共同委托代理人的证明》及指定代表或共同委托代理人的身份证复印件。

③全体股东签署的公司章程（股东为自然人的由本人签字；自然人以外的股东加盖公章）；依法设立的验资机构出具的验资证明。

④股东首次出资是非货币财产的，提交已办理财产权转移手续的证明文件。

⑤由全体股东共同签署的《确认书（A）》。

⑥公司董事、监事、经理的身份证复印件。

⑦公司住所使用证明。

⑧公司名称预先核准登记时提交的所有材料、企业名称预先核准通知书。

⑨其他需提交的文件：法律、行政法规规定设立有限责任公司必须报经审批的，还应当提交有关的批准文件；涉及前置审批项目或其他特殊情况的，则应提供有关部门的批准意见。

（3）办理一人有限责任公司设立登记应提交的材料有以下几种：

①公司法定代表人签署的《公司设立登记申请书》。

②股东签署的《指定代表或者共同委托代理人的证明》及指定代表或委托代理人的身份证复印件。

③股东签署的公司章程（股东为自然人的由本人签字，法人股东加盖公章）。

④依法设立的验资机构出具的验资证明。

⑤股东首次出资是非货币财产的，提交已办理财产权转移手续的证明文件。

⑥由股东签署的《确认书（A）》，公司董事、监事、经理的身份证复印件。

⑦公司住所使用证明。

⑧公司名称预先核准登记时提交的所有材料、企业名称、预先核准通知书。

⑨其他需提交的文件：法律、行政法规规定设立有限责任公司必须报经审批的，还应当提交有关的批准文件。涉及前置审批项目或其他特殊情况的，则应提供有关部门的批准意见。

所有资料齐备并审核通过后，将领取受理通知书，在规定的时间去领取企业法人营业执照。

（4）操作步骤。

①在主场景单击“工商行政管理局”入口，进入工商行政管理局，或在导航仪表盘上单击“工商”按钮快速进入工商行政管理局。公司设立需要提供的资料较多，要全部准备好。

②单击“发起人确认书”按钮，在需要签字的地方签字确认。如果公司由多名股东组成，系统会自动将其他股东的名字签好。

③单击“法定代表登记”按钮，填写法定代表人信息，并签字确认。如果公司由多名股东组成，系统默认当前使用者就是法定代表人。

④单击“公司股东名录”按钮，填写公司股东（发起人）名录信息。如果公司由多名股东组成，则要填写所有股东的相关信息。

⑤单击“董事经理情况”按钮，填写公司所有董事、经理的相关信息。

⑥单击“指定代表证明”按钮，指定办理公司登记注册的代表人。这项工作在公司名称预审核中已经做好，系统默认是由同一个人来办理。

⑦完成了以上所有准备工作后，最后单击第一项菜单中的“公司设立申请”按钮，填写公司设立申请表。这时可以看到表的最上面显示的办理公司设立申请需要准备的所有材料已经都准备好了，相应资料名称前面会用如标志“√”表示，否则会显示“×”。根据填表要求完成公司设立申请表的填写，单击最后的“签字”按钮确认。

⑧单击工商行政管理局办事窗口的“申领营业执照处”按钮，在弹出窗口中单击“办领营业执照”按钮，领取已办好的企业法人营业执照。

7. 刻制公司印章

拿到营业执照后，凭营业执照到工商行政管理部门指定的刻章店刻制公司印章和法定代表人印章。公司印章是指刻有单位名称且一经盖章即代表单位名义的印章，包括单位公章、业务章、合同章、财务专用章、发票专用章及其他专用章等。法定代表人印章是企业法定代表人的人名签章。

操作步骤：

进入主场景，走到刻章店，单击“刻章店”入口，或单击导航仪表盘上的“刻章”按钮，快速进入刻章店，办理公司各类印章。

8. 办理机构代码

（1）每一家企业都要办理一个唯一的组织机构代码。中华人民共和国组织机构代码证是依据国发［1989］75号文，由国家质量技术监督部门给每个机关、企事业单位和社会团体（包括法人和法人分支机构）颁发的一个在全国范围内唯一的、始终不变的法定代码标识，是组织机构的“身份证”，简称代码证。

（2）该代码由八位字符本体代码和一位字符检验码组成，表示形式为：××××××××－×。新创办的企业在完成工商登记后，凭营业执照到技术监督局办理企业代码证书。技术监督部门审核通过后，发给企业组织机构代码证。

（3）办理代码证书需要提供以下几种材料：

①营业执照原件及复印件。

②法人代表（负责人）身份证复印件。

③经办人身份证复印件。

④单位公章。

（4）操作步骤。

在主场景单击“质量技术监督局”入口，进入质量技术监督局，或在导航仪表盘上单击“质检”，快速进入质量技术监督局。办理公司组织机构代理证。

9. 开设银行账户

（1）银行账户是各单位为办理结算和申请贷款在银行开立的户头，也是单位委托银行办理信贷和转账结算以及现金收付业务的工具，它具有监督和反映国民经济各部门、各单位活动的作用。

（2）银行账户的分类：根据《银行账户管理办法》，银行账户分为基本存款账户、一般存款账户、临时存款账户和专用存款账户，各类账户均有不同的设置和开户条件。企业可以自己选择一家办事方便的银行作为自己的开户银行。

（3）办理银行开户需要提供以下材料：银行开户申请书；企业法人营业执照原件及复印件；法人身份证复印件；经办人身份证及复印件；财务专用章和法人章。

银行同意开户后，并对企业提供的财务专用章和公章进行预留印鉴，为企业发放银行开户许可证。

（4）操作步骤。

①在主场景单击“创业银行”入口，进入创业银行，或在导航仪表盘上单击“银行”快速进入创业银行。

②单击“对公业务”窗口，在弹出窗口中单击“开设银行账户”菜单。

10. 办理税务登记

（1）根据《征管法》规定，企业、企业在外地设立的分支机构和从事生产、经营的场所，个体工商户和从事生产、经营的事业单位自领取营业执照之日起的三十日内，持有关证件，向税务机关申报办理税务登记。纳税人在法定期限内向主管税务机关提出办理税务登记的书面申请。

（2）申请时应提供的资料有税务登记表，营业执照原件及复印件，公司章程复印件，验资报告复印件，银行开户许可证（银行账号证明）复印件，法定代表人的居民身份证、护照或其他合法证件，国家技术监督部门的统一代码证书，上级主管部门批准成立的文件，特殊行业的经营许可证，主管税务机关要求的其他资料。

（3）由纳税人如实填写《税务登记表》，并连同税务机关要求的以上各类证件、资料（原件、复印件）一并报送税务机关。税务机关全面审核后，对符合规定的予以办理税务登记，发给税务登记证件。

（4）办理税务登记需要分别到国家税务局和地方税务局办理，并分别领取国税登记证和地税登记证。有些地区为了方便纳税人办理，设立了集中办税服务大厅，可以集中统一办理国税和地税登记。

（5）操作步骤。

①在主场景单击“国家税务局”入口，进入国家税务局，或在导航仪表盘上单击“国税”按钮，快速进入国家税务局。要办理税务登记证，首先在办事大厅中单击“税务登记”

窗口，在弹出窗口中单击“税务登记（国税）”按钮，按要求完成税务登记表所有项目的填写，在表格最后面盖上公司章和法人章。

②办理完成后，再单击“领登记证（国税）”按钮，领取正式的国税税务登记证。

③地税税务登记证与国税税务登记证的办理方法类似。在主场景单击“地方税务局”入口，进入地方税务局，或在导航仪表盘上单击“地税”按钮，快速进入地方税务局。在办事大厅中单击“税务登记”窗口，在弹出窗口中单击“税务登记（地税）”按钮，按要求完成税务登记表所有项目的填写，在表格最后面盖上公司章和法人章。

④地税税务登记证办理好后，单击“领登记证（地税）”，领取公司税务登记证。国税税务登记证和地税税务登记证使用的是两个部门的联合发证，上面有两个部门的公章。

11. 办理社会保险

（1）最后，还要到人力资源和社会保障局，开设公司社会保险登记账户，并为公司员工办理社会保险，领取社会保险登记证。

（2）需要提供的材料包括工商营业执照、税务登记证、组织机构代码证（原件和复印件），区社险办签订的工伤、生育保险《委托收款协议》，地税部门签订的基本养老保险《委托收款协议》，填写《用人单位社会保险登记表》，填写《企业社会保险开户登记表》，填写《企业职工花名册》。

收到所有要求的证件资料并递交申请表格后，人力资源和社会保障局核发企业社会保险登记证。

（3）操作步骤。

①在主场景单击“人力资源和社会保障局”入口，进入人力资源和社会保障局，或在导航仪表盘上单击“社保”按钮，快速进入人力资源和社会保障局。

②单击“社会保险”窗口，在弹出窗口中单击“社会保险登记”按钮，完成用人单位社会保险登记表的填写。

③再单击“社会保险开户”按钮，完成企业社会保险开户登记表的填写。

至此，已完全完成公司工商税务登记所有流程的工作，公司正式成立，可以开张营业了。

11.3.3 实训报告

完成创业准备阶段的模拟实训后，参训学生应提交一份实训报告。

实训报告的主要内容应包括以下几个方面：

（1）实训目的。本次创业企业准备模拟实训的主要目的。

（2）实训时间。本次创业企业准备模拟实训的具体时间安排。

（3）实训方式。本次创业企业准备模拟实训的具体方法与形式。

（4）实训内容。本次创业企业准备模拟实训的内容，包括工商、税务、质监、银行、社险等各个相关部门的相关流程与操作方法。

（5）实训总结。描述整个实训过程的具体操作与心得总结，包括如何认识与选择企业的形式，各政府部门的主要办事流程及操作规范。

（6）心得体会。通过本次模拟创业实训所带来的对真实企业创办过程的理解与体会。

课后习题

1. 公司形式有哪几种?
2. 为公司命名时要注意哪些问题?
3. 公司注册成立主要包括哪些环节?
4. 公司注册需要涉及哪些机构与部门? 分别要办理什么手续?
5. 公司正式成立后，会领到哪些证件?

11.4　创业管理

★学习目标

了解企业管理相关知识。

★导入案例

惯性思维对需求（问题、痛点）判断的影响

产品背景：阿里系付费的 To B 产品。

运营情况：付费用户有几万家，有的公司已经准备开始免费，我们希望把付费产品免费给中小企业，借此扩大市场规模。

运营分析：在产品核心功能无区别的情况下，让付费企业使用免费产品，这在我们内部也形成明显的两种观点，一种是激进派，看中后续增长的潜力，要快速打开免费的口子。另一种是保守派，也是大多数同事的观点，用户肯定会流失，大家都没有做过免费互联网 To B 产品的经验。

运营结果：由于不方便直接调研，为了预测流失，分组进行了侧面的摸底。通过与认识的企业客户沟通，发现如果能削减这块成本，大部分企业是非常乐意的。我们拿着摸底情况在内部分享，最后大家倾向于再等等看。这个时候市场上已经有其他公司推出了免费版本，对方的数据增长很快，但几个月过去了，我们的付费业务并没有受到什么影响。问续费的企业为什么不用免费的，全都只有一个原因，怕麻烦。这里的麻烦，就是迁移成本过后。To B 产品的使用时间越长，历史数据越多，迁移成本越高。如果成本足够高，大多数企业不会冒这个险。然而前期摸底的人并没有意识到这个。用户没有，我们自己也没有。这是一个巨大的失误。所以，即使如今这块市场因为免费产品的爆发越做越大，但是我们的付费产品营业收入却仍在持续增长。

案例思考：惯性思维对企业运营有什么影响?

11.4.1 企业管理相关知识

1. 初创企业组织管理

（1）企业的含义。企业一般是指在社会化大生产条件下，从事生产、流通与服务等经济活动的营利性组织。企业的概念反映了两层意思，一是经营性，即根据投入产出进行经济核算，获得超出投入的资金和财物的盈余，企业经营的目的一般是追求营利性；二是反映企业是具有一定经营性质的实体。

初创企业是指处于创业初期的企业，其一般形式为小企业，是由创业者通过创建企业的方式，将其发现的信息、资源、机会或技术等转化成财富的过程。初创企业一般成长期为0到42个月，超过42个月的企业一般可认为是进入成熟期的企业。

（2）企业具有以下特征。

①企业是一种社会组织。企业需要采取一定的组织形式，将人、财、物等生产要素有机地结合起来，从而进行生产加工、服务等活动。

②企业是专门从事生产经营活动或服务性业务的社会组织，具有营利性。

企业的目的在于追求自身的经济效益，是为了获得尽可能多的利润，并使投资者因此获得经济利益，这是企业的基本属性，是企业区别于其他社会组织的基本特征。其他社会组织，如行政机构、事业单位、社会团体等不具备这一特征。属于行政机构的各级人民政府虽然具有复杂和完备的组织形式，但是它不从事经营活动，不具有营利性，所以不是企业。

③企业是独立的经济组织，具有独立性。首先，企业必须依法登记注册，取得法律关系主体资格，以企业自身的名义从事生产经营活动；其次，企业实行独立核算。企业对其生产经营过程及其结果独立地进行全面系统的会计核算，独立计算盈亏。一家在工商行政部门登记的公司具有上述两个独立性的特征，它是一个企业。而在这家公司的各个部门，如下属的各个工厂、各个职能部门（如财务部、销售部、制造部等），虽然看上去也具有较为完整的组织形式和独立的职能，但由于没有独立的法律关系主体资格、不实行独立核算，不论其规模多大，都不能算作是一个企业。

（3）企业的类型。企业作为一个生态有机体，有着多种属性和复杂形态。因此，可以按照不同的标准，将企业划分为多种类型：

①根据企业的财产组织形式可分为个体企业、合伙企业、合作制企业和公司制企业。

②根据企业组合方式可分为单一企业、多元企业、经济联合体、企业集团、连锁企业。

③根据所有制形式可分为全民所有制企业、集体企业、私营企业、混合所有制企业、外商投资企业（包括中外合资经营企业、中外合作经营企业和外商独资企业）。

④根据企业的行业性质可分为工业生产企业、商品经营企业、服务企业。

⑤根据企业生产经营领域可分为工业企业、商业企业、生产型企业、流通型企业、服务型企业和金融型企业。

⑥根据企业规模可分为大型企业、中型企业、小型企业。

2. 企业的组织架构

企业的组织架构主要有以下几种形式：

（1）直线制。直线制是一种最早也最简单的组织形式。它的特点是企业各级行政单位从上到下实行垂直领导，下属部门只接受一个上级的指令，各级主管负责人对所属单位的一切问题负责。厂部不另设职能机构，一切管理职能基本上都由行政主管自己执行。

（2）职能制。职能制组织结构是各级行政单位除主管负责人外，还相应地设立一些职能机构。如在厂长下面设立职能机构和人员，协助厂长从事职能管理工作。这种结构要求行政主管把相应的管理职责和权力交给相关的职能机构，各职能机构就有权在自己业务范围内向下级行政单位发号施令。因此，下级行政负责人除了接受上级行政主管指挥外，还必须接受上级各职能机构的领导的指挥。

（3）直线-职能制。直线-职能制也称为生产区域制或直线参谋制。它是在直线制和职能制的基础上，取长补短，吸取这两种形式的优点而建立起来的。目前，绝大多数企业都采用这种组织结构形式。这种组织结构形式是把企业管理机构和人员分为两类，一类是直线领导机构和人员，按命令统一原则对各级组织行使指挥权；另一类是职能机构和人员，按专业化原则，从事组织的各项职能管理工作。直线领导机构和人员在自己的职责范围内有一定的决定权和对所属下级的指挥权，并对自己部门的工作负全部责任。而职能机构和人员则是直线指挥人员的参谋，不能对直接部门发号施令，只能进行业务指导。

（4）事业部制。事业部制最早是由美国通用汽车公司总裁阿尔弗雷德·斯隆于 1924 年提出的，故有“斯隆模型”之称，也叫“联邦分权化”，是一种高度（层）集权下的分权管理体制。它适用于规模庞大、品种繁多、技术复杂的大型企业，是国外较大的联合公司所采用的一种组织形式，近几年我国一些大型企业集团或公司也引进了这种组织结构形式。

（5）矩阵制。在组织结构上，把既有按职能划分的垂直领导系统，又有按产品（项目）划分的横向领导关系的结构，称为矩阵组织结构。矩阵制组织是为了改进直线职能制横向联系差、缺乏弹性的缺点而形成的一种组织形式。它的特点表现在围绕某项专门任务成立跨职能部门的专门机构上，例如，组成一个专门的产品（项目）小组去从事新产品开发工作，在研究、设计、试验、制造各个不同阶段，由有关部门派人参加，力图做到条块结合，以协调有关部门的活动，保证任务的完成。这种组织结构形式是固定的，人员却是变动的，需要谁，谁就来，任务完成后就可以离开。项目小组和负责人也是临时组织和委任的，任务完成后就解散，有关人员回原单位工作。因此，这种组织结构非常适用于横向协作和攻关项目。

3. 企业主要部门及职责

不论企业是什么组织结构，营销部、采购部、制造部、财务部、人力资源部、信息部、技术部是最基本和最重要的部门之一。这些部门职能的完成情况和它们之间的相互协作情况基本上决定了整个企业的绩效。

（1）营销部。企业的利润是由销售收入带来的，销售实现是企业生存和发展的关键。而销售订单的取得依赖于市场营销的力度。随着市场竞争的加剧，企业的销售工作越来越难，人们发现单靠销售部门努力去推销很难实现企业的目标。必须靠与营销结合才能不断推动企业的销售工作，实现企业的战略目标。

（2）采购部。采购是企业运作的重要环节。据统计，产品成本的 1/3 是物料成本，而采购价格是物料成本的重要组成部分。此外，采购承担着为企业获取资源的责任，保证企业连续生产运作。在信息化和市场竞争一体化的形式下，采购理念和职能都在不断更新，基于供应链模式下完成采购职能是采购管理的最有效方式。现代采购管理从职能管理转向流程管理，从采购管理转向供应管理，从企业间交易性管理转向关系性管理，从零和竞争转向多赢竞争，从简单的多元化经营转向核心竞争力管理。供应链管理成了采购管理职能的重要内容。

（3）制造部。生产制造是企业价值创造的主要承担者，承担着企业产品形成的功能。现代企业的生产要求及时快速地生产出市场需要的产品，而且成本要求越来越低，质量要求越来越高，生产管理在方法上不断创新，ERP、JIT、全面质量管理以及ISO9000质量管理体系在企业生产管理中得到广泛应用，生产制造部门承担的职责不断强化，计划的准确性不断提高，企业精细化集成管理时代已经到来。

（4）财务部。财务部包括企业财务和会计的职能，是企业资金运转和利用效率的管理者。

（5）人力资源部。人力资源是企业最重要的竞争资本，人力资源的管理也成为现代企业管理最重要的方面。

（6）信息部。信息部是企业收集企业内部动态、市场、客户、竞争对手，以及国家即将推行的各种行业相关政策等信息的部门，信息的重要性在这个互联网时代已经不言而喻，谁能预先得到有价值的信息，谁就离成功更近一步。

（7）技术部。企业技术部的职能主要是为企业研发新产品，开发产品新功能，维护企业内部信息化设备、企业生产设备、计算机、局域网络等通信设施等。

4. 初创企业的战略选择

竞争战略之父迈克尔·波特提出了三大基本战略：低成本战略、差异化战略和专一化战略。迈克尔·波特认为，这些战略类型的目标是使企业的经营在产业竞争中高人一筹。在一些产业中，这意味着企业可取得较高的收益；而在另外一些产业中，一种战略的成功可能只是企业在绝对意义上能获取些微收益的必要条件。有时企业追逐的基本目标可能不止一个，但迈克尔·波特认为这种情况实现的可能性是很小的，因为有效贯彻任何一种战略，通常都需要全力以赴，并且要有一个支持这一战略的组织安排。如果企业的基本目标不止一个，则这些方面的资源将被分散。

（1）低成本战略。成本领先要求坚决地建立起高效规模的生产设施，在经验的基础上全力以赴降低成本，抓紧成本与管理费用的控制，以及最大限度地减小研究开发、服务、推销、广告等方面的成本费用。

（2）差异化战略。差异化战略是将产品或公司提供的服务差别化，树立起一些全产业范围中具有独特性的东西。实现差异化战略可以有许多方式，如设计名牌形象、技术、性能特点、顾客服务、商业网络及其他方面的独特性。

（3）专一化战略。专一化战略是从竞争态势和全局出发进行专一化，把有限的人力、财力、物力、领导的关注力、企业的潜在力等聚焦在某一方面，力求从某一局部、某一专业、某一行业进行渗透和突破，形成和凸显企业自身的优势，争取企业在竞争中的主动性和有利形势。它是一种避免全面出击、平均使用力量的创业战略，更是一种进行市场和产品的深度开发、促进企业获取超额利润的竞争战略。

波特认为，这三种战略是每一个公司必须明确的，因为徘徊其间的公司处于极其糟糕的战略地位。这样的公司缺少市场占有率，缺少资本投资，从而削弱了“打低成本牌”的资本。全产业范围的差别化的必要条件是放弃对低成本的努力。而采用专一化战略，在更加有限的范围内建立起差别化或低成本优势，更会面临同样的问题。徘徊其间的公司几乎注定是低利润的，所以它必须做出一种根本性战略决策，向三种通用战略靠拢。一旦公司处于徘徊状态，摆脱这种令人不快的状态往往要花费很长时间并经过一段持续的努力；而相继采用三个战略，波特认为注定会失败，因为它们要求的条件是不一致的。

11.4.2　初创企业生产管理

1. 物资需求计划

物资需求计划（Material Requirement Planning，MRP）与主生产计划一样属于 ERP 计划管理体系，它主要解决企业生产中的物资需求与供给之间的关系，即无论是对独立需求的物资，还是相关需求的物资，物资需求计划都要解决“需求什么、现有什么、还缺什么、什么时候需要”等几个问题。它是一个时段优先计划系统，其主要对象是决定制造与采购的净需求计划。它是由主生产计划推动运行的，但反过来，它又是主生产计划的具体化和实现主生产计划的保证计划。制订物资需求计划前就必须具备以下的基本数据：第一项数据是主生产计划，它指明在某一计划时间段内应生产出的各种产品和备件，它是物资需求计划制订的一个最重要的数据来源；第二项数据是物资清单（简称 BOM），它指明了物资之间的结构关系，以及每种物资需求的数量，它是物资需求计划系统中最为基础的数据；第三项数据是库存记录，它把每个物资品目的现有库存量和计划接受量的实际状态反映出来；第四项数据是提前期，决定着每种物资何时开工、何时完工。应该说，这四项数据都是至关重要、缺一不可的。

其基本计算步骤如下：

（1）计算物资的毛需求量。即根据主生产计划、物资清单得到第一层级物资品目的毛需求量，再通过第一层级物资品目计算出下一层级物料品目的毛需求量，依次一直往下展开计算，直到最低层级原材料毛坯或采购件为止。

（2）净需求量计算。即根据毛需求量、可用库存量、已分配量等计算出每种物资的净需求量。

（3）批量计算。即由相关计划人员对物料生产做出批量策略决定，不管采用何种批量规则或不采用批量规则，净需求量计算后都应该表明有无批量要求。

（4）安全库存量、废品率和损耗率等的计算。即由相关计划人员来规划是否要对每个物料的净需求量做这三项计算。

（5）下达计划订单。指通过以上计算后，根据提前期生成计划订单。物资需求计划所生成的计划订单，要通过能力资源平衡确认后，才能开始正式下达计划订单。

（6）再一次计算。物资需求计划的再次生成大致有两种方式，第一种方式会对库存信息重新计算，同时覆盖原来计算的数据，生成的是全新的物资需求计划；第二种方式则只是在制订、生成物资需求计划的条件发生变化时，才相应地更新物资需求计划有关部分的记录。这两种生成方式都有实际应用的案例，至于选择哪一种要看企业实际的条件和状况。

总之，物资需求计划模块是企业生产管理的核心部分，该模块制订的准确性将直接关系到企业生产计划是否切实可行。

2. 能力需求计划

能力需求计划（Capacity Requirement Planning，CRP）是帮助企业在分析物资需求计划后产生出一个切实可行的能力执行计划的功能模块。该模块帮助企业在现有生产能力的基础上，及早发现能力的瓶颈所在，提出切实可行的解决方案，从而为企业实现生产任务提供能力方面的保证。

通常，编制能力需求计划的方式有无限能力负荷计划和有限能力负荷计划两种。无限能力负荷计算是指在不限制能力负荷情况下进行能力计算，即从订单交货期开始，采用倒排的方式根据各自的工艺路线中的工作中心安排及工时定额进行计算。不过，这种计算只是暂时不考虑生产能力的限制，在实际执行计划过程中不管由于什么原因，如果企业不能按时完成订单，就必须采用顺排生产计划、加班、外协加工、替代工序等方式来保证交货期。这时，有限能力负荷计算方式就派上了用场。有限能力负荷计算就是假定工作中心的能力是不变的，把拖期订单的当期日期剩下的工序作为首序，向前顺排，对后续工序在能力允许下采取连续顺排不断地实现计划，以挽回订单交货期。

编制能力需求计划遵照如下思路：首先，将 MRP 计划的各时间段内需要加工的所有制造件通过工艺路线文件进行编制，得到所需要的各工作中心的负荷；然后，再同各工作中心的额定能力进行比较，提出按时间段划分的各工作中心的负荷报告；最后，由企业根据报告提供的负荷情况及订单的优先级因素加以调整和平衡。

（1）收集数据。能力需求计划计算的数据量相当大，通常能力需求计划在具体计算时，可根据 MRP 下达的计划订单中的数量及需求时间段，乘以各自的工艺路线中的工时定额，转换为需求资源清单，加上车间中尚未完成的订单中的工作中心工时，成为总需求资源，再根据现有的实际能力建立起工作中心可用能力清单，有了这些数据，才能进行能力需求计划的计算与平衡。

（2）计算与分析负荷。将所有的任务单分派到有关的工作中心上，然后确定有关工作中心的负荷，并从任务单的工艺路线记录中计算出每个有关工作中心的负荷。然后，分析每个工作的负荷情况，确认导致各种具体问题的原因所在，以便正确地解决问题。

（3）能力/负荷调整。解决负荷过小或超负荷能力问题的方法有三种：调整能力、调整负荷与同时调整能力和负荷。

（4）确认能力需求计划。在经过分析和调整后，将已修改的数据重新输入相关的文件记录中，通过多次调整，在能力和负荷达到平衡时，确认能力需求计划，正式下达任务单。能力需求计划帮助企业在现有生产能力的基础上及早发现能力的瓶颈，提出切实可行的解决方案，从而为企业实现生产任务提供能力方面的保证。

能力需求计划工作的主要内容包括以下几个方面：

①厂房购置。在创业之星模拟创业平台中，有多种厂房可供选择，厂房可以租用也可以购买。一般情况下，企业在初始阶段需要投资的地方较多，产品研发、市场开发、资质认证、营销推广等各项工作都需要大量现金支出。这时，厂房大都考虑以租用为主，以避免占用过多的现金。随着企业生产规模的扩大和市场销售业绩的增长，企业的资金积累也逐步增加，资金不再像初始阶段那么紧张。由于租用厂房的租金较贵，使产品分摊的生产成本较高，减少了企业的利润。企业可以对原来租用厂房进行调整，改为购买厂房的方式，以降低

产品生产成本。

②生产线购置。生产线设备有多种类型可供选择，不同的生产线的性价比不同，生产产品产生的制造费用也不同。一般情况下，越是高端的生产线其性价比越高，分摊的制造成本也越低。由于生产线设备价格较贵，具体使用何种生产线组合主要取决于企业的现金状况，同时要考虑市场销售预测的情况。如果企业最初制定了成本领先战略，企业的主要目标是使产品的生产成本尽可能低，因此，在设备选择上应重点以高端设备为主。同时，为满足短期销售需要或临时性购买设备的需要，如当期增加产能满足销售需要，或者租用的厂房将来要退租，厂房内的设备需要搬迁到另一个厂房中，这种情况下高端的柔性生产线就缺乏必要的灵活性，可以辅以中低端生产线设备，组合生产。所有的生产设备在生产过程中都会产生一些废品，越是高端的生产线设备，其成品率越高。为了提升设备的性能与产能，在生产工人已经满负荷的情况下，可以通过设备改造升级来提升设备的成品率。生产线设备的总的生产能力主要由销售预测来决定，企业无须过多的生产设备，以免造成设备闲置，带来不必要的浪费。为了满足即将到来的销售旺季的销售需要，企业可以提前做好生产线设备的购置与安装工作。当然，在购买设备时，还要注意企业的现金流状况，避免出现资金缺口，以免因现金流的紧张而影响企业的其他管理工作。

③招聘生产工人。所有的生产线设备都需要招聘生产工人才能开工生产。所有的生产工人的能力在初始状态时是相同的，不同的生产线设备可以最大安置的工人数量不同，生产线上工人总的能力就是每个工人最大生产能力的总和。一条生产线设备每个季度的最大产能，由生产线上工人总生产能力和设备的最大产能二者中的低者决定。因此，要计算生产线设备的实际产能，不仅要计算生产线额定最大产能（去掉加工中产生的废品），还要考虑到工人的最大加工生产能力。设备产能不足，则对设备进行改造升级；工人能力不足，可以对工人进行培训，以提升工人的生产能力。

3. 主生产计划

企业资源计划（Enterprise Resource Planning，ERP）作为一个利用现代企业的先进管理思想，同时借助信息技术手段，为企业提供经营、决策的全方位、系统化的管理平台，其设计思想自然也是以计划为主线而展开的。一般来说，ERP 计划管理体系大致可以分为销售计划、生产加工计划、主生产计划、能力需求计划和物资需求计划等几个层次。

具体来说，主生产计划在企业经营管理中主要行使以下几项基本功能：

（1）把企业生产大纲同具体的作业计划联系起来。主生产计划就是通过对被制造的产品进行详细的计划，来决定企业“将要生产什么、生产多少、何时完成”。它比生产大纲或生产规划更加详细具体，是切合实际的、可实施的计划。

（2）主生产计划把企业管理层计划、物资需求计划、能力需求计划与日程计划联系在一起，并且在整个计划过程中始终贯穿财务成本控制的概念，对企业资源进行一体化的、全过程的计划。

（3）为生产计划管理者提供了一个“控制工具”。主生产计划是企业管理者控制之下最重要的一组计划数据，基于此，企业管理者对整个生产经营过程就有了控制、评价的依据。一般来说，制订主生产计划遵照如下程序：首先，企业通过客户订单、预测、备品备件、厂际间需求、客户选择件及附加件、计划维修件等多种信息途径，准备产品需求信息，确定产品总需求；其次，企业根据总需求、现有库存量、企业计划等要素条件对需求产品进行搭配组合，确定每一个具体产品在每一个具体时间段的生产计划，提出初步的 MPS；再次，企业要对初步的 MPS 进行可行性论证，对关键资源进行平衡，一般采取的是粗能力计划核算的方法，即以关键资源为计划对象，评价主生产计划对关键资源的总影响如何，从而决定所需能力并测定出主生产计划是可行还是不可行的方法。如果某个部门或某个关键工作中心的负荷超出可用能力过大，就要对主生产计划采取必要的调整或改变生产时间，重新进行模拟，直到基本满意为止。这个过程一般要反复多次，调整后的主生产计划由主生产计划员确认后，才能作为提交批准或运行物资需求计划的根据。最后，企业负责部门对主生产计划进行相应的审核、批准，以保证主生产计划符合企业的经营规划。

MPS 的基本原理和基本流程：MPS 是闭环计划系统的一个部分。MPS 的实质是保证销售规划和生产规划对规定的需求（需求什么、需求多少和什么时候需求）与所使用的资源取得一致。MPS 考虑了经营规划和销售规划，使生产规划同它们相协调。它着眼于销售什么和能够制造什么，这就能为车间制订一个合适的“主生产进度计划”，并且以粗能力数据调整这个计划，直到负荷平衡。然后，主生产进度计划作为物资需求计划 MRP 的输入，MRP 用来制订所需零件和组件的生产作业计划或物资采购计划，当生产或采购不能满足 MPS 的要求时，采购系统和车间作业系统就要把信息反馈给 MPS，形成一个闭环反馈系统。

主生产计划编制过程包括编制 MPS 项目的初步计划，进行粗能力平衡，评价 MPS；主生产计划编制涉及的工作包括收集需求信息、编制主生产计划、编制粗能力计划、评估主生产计划、下达主生产计划等。制订主生产计划的基本思路，可表述为以下程序：

（1）根据生产规划和计划清单确定对每个最终项目的生产预测。它反映某产品类的生产规划总生产量中预期分配到该产品的部分，可用于指导主生产计划的编制，使主生产计划员在编制主生产计划时能遵循生产规划的目标。

（2）根据生产预测、已收到的客户订单、配件预测以及该最终项目的需求数量，计算毛需求量。需求的信息来源主要有当前库存、期望的安全库存、已存在的客户订单、其他实际需求、预测其他各项综合需求等。

（3）根据毛需求量和事先确定好的批量规则，以及安全库存量和期初预计可用库存量，自动计算各时段的计划产出量和预计可用库存量。

（4）自动计算可供销售量供销售部门机动销售选用。

（5）自动计算粗能力，用粗能力计划评价主生产计划方案的可行性。粗能力计划是对生产中所需的关键资源进行计算和分析。

（6）评估主生产计划。一旦初步的主生产计划测算了生产量，测试了关键工作中心的生产能力，并对主生产计划与能力进行平衡之后，初步的主生产计划就确定了。下面的工作是对主生产评估。

（7）在 MRP 运算以及细能力平衡评估通过后，批准和下达主生产计划。值得一提的是，主生产计划编排后并不是一成不变的，主生产计划应是一个随着市场变化不断增加或减少的持续式的滚动计划，但这并不意味着企业生产计划人员可以低估它的价值。

总之，主生产计划在 ERP 系统中有着十分重要的作用，制订恰当合理、切合实际的主生产计划将能够帮助企业有效地减少库存、提高交货的及时率和生产效率。

4. 产品生命周期管理

产品生命周期（Product Life Cycle，PLC）是产品的市场寿命，即一种新产品从开始进入市场到被市场淘汰的整个过程。产品生命是指市上的营销生命，产品和人的生命一样，要经历形成、成长、成熟、衰退的周期。就产品而言，也就是要经历一个开发、引进、成长、成熟、衰退的阶段。

典型的产品生命周期一般可以分成四个阶段，即引入期、成长期、成熟期和衰退期。

第一阶段：引入期。指产品从设计投产直到投入市场进入测试的阶段。新产品投入市场，便进入了引入期。此时产品品种少，顾客对产品还不了解，除少数追求新奇的顾客外，几乎无人实际购买该产品。生产者为了扩大销路，不得不投入大量的促销费用，对产品进行宣传推广。该阶段由于生产技术方面的限制，产品生产批量小，制造成本高，广告费用大，产品销售价格偏高，销售量极为有限，企业通常不能获利，反而可能亏损。

第二阶段：成长期。当产品在引入期的销售取得成功之后，便进入了成长期。成长期是指产品通过试销效果良好，购买者逐渐接受该产品，产品在市场上站住了脚并且打开了销路。这是需求增长阶段，需求量和销售额迅速上升。生产成本大幅度下降，利润迅速增长。与此同时，竞争者看到有利可图，纷纷进入市场参与竞争，使同类产品供给量增加，价格随之下降，企业利润增长速度逐步减慢，最后达到生命周期利润的最高点。

第三阶段：成熟期。指产品走入大批量生产并稳定地进入市场销售，经过成长期之后，随着购买产品的人数增多，市场需求趋于饱和。此时，产品普及并日趋标准化，成本低而产量大。销售增长速度缓慢直至转而下降，由于竞争的加剧，导致同类产品生产企业之间不得不加大在产品质量、花色、规格、包装服务等方面的投入，在一定程度上增加了成本。

第四阶段：衰退期。是指产品进入了淘汰阶段。随着科技的发展以及消费习惯的改变等原因，产品的销售量和利润持续下降，产品在市场上已经老化，不能适应市场需求，市场上已经有其他性能更好、价格更低的新产品，足以满足消费者的需求。此时成本较高的企业就会由于无利可图而陆续停止生产，该类产品的生命周期也就陆续结束，以致最后完全撤出市场。

11.4.3 企业模拟运营

1. 企业模拟运营决策流程

企业创立后，经营团队要完成两年共八个季度的运营管理。

所有企业在开始阶段都只拥有一笔创业资金，创业者需要根据市场环境的变化及运营规则的设定情况，制定企业的发展战略规划，并努力实现企业的经营目标。在运营管理中，管理者将与其他企业展开激烈的市场竞争。为了取得良好的绩效并实现企业经营目标，需要团队的每位成员通力配合，精诚合作，共同制定有效的经营决策，包括企业战略、品牌规划、产品设计、市场营销、人力资源、生产制造、财务管理等各个方面的内容。

为了方便思考与决策，模拟企业运营中的所有经营决策将以任务方式发布。教师每发布一个任务，各团队的创业者要完成企业在本季度的所有经营管理工作，并制定出本季度企业的各项经营决策。

图11-3列出了整个系统运营管理环节需要完成的各项决策任务，供决策时参考。

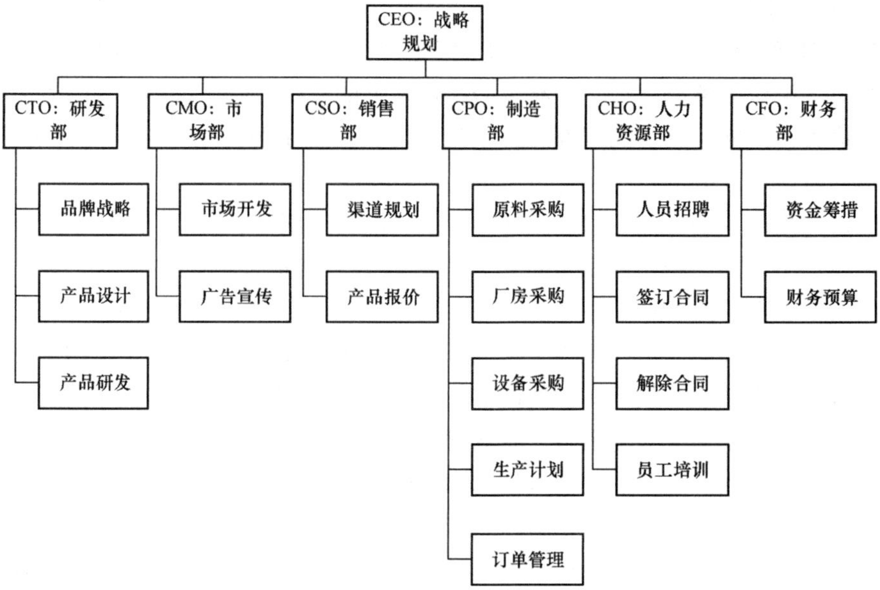

图 11-3　运营管理环节需要完成的各项决策任务

在每个阶段经营结束后，系统中会生成相关的各类分析报告。这些资料是所有企业了解自己的经营成果、分析企业的优劣势、了解行业与竞争情况的基本资料，需要企业的管理者在经营结束后仔细阅读与分析，根据企业事先的规划和预算以及经营目标，与实际结果进行比较，帮助企业的管理者分析企业经营得失，总结经验，发现问题，并在下一阶段的模拟经营中改进管理，更好地提升企业的经营绩效。

2. *召开公司成立经营会议*

企业正式组建成立后，首先应该召开企业的经营会议，讨论发展战略，并根据企业初始资金的情况做好现金预算管理与各阶段盈利预测。

企业经营规划会议由各企业的总经理组织召开。会议主要内容包括企业整体竞争策略及经营计划，研发部业务特点及其发展计划，市场部业务特点及其发展计划，销售部业务特点及其发展计划，制造部业务特点及其发展规划，财务部业务特点及其发展规划，人力资源部业务特点及其发展规划。

3. *企业整体竞争策略及经营计划*

企业成立初的第一次经营会议至关重要，将决定企业的整体运营思路与经营战略，关系到后面运营的所有任务如何有效开展的问题。通过制定整体经营规划，可以让管理团队成员做到经营过程中胸有成竹，知道自己什么时候应该做什么、为什么要做，可以有效预防经营过程中决策的随意性和盲目性，减少错误决策与经营失误；同时，在制定整体规划时，各部门经理已经就各项决策达成了共识，可以使企业的各项经营活动有条不紊地进行，可以有效提高团队的合作精神，鼓舞士气，提高团队的战斗力和向心力，使团队成员之间更加团结、协调。

经营会议涉及企业的发展战略规划、人力资源规划、产品规划、营销规划、生产规划、财务规划等。要做出科学合理的规划，企业应当结合目前和未来的市场需求、竞争对手可能采取的策略，以及本企业的实际情况进行。在进行规划时，企业首先应当对市场研究报告进行深入分析，包括用户需求状况、市场竞争形势等，对市场进行较为准确的预测，包括预测各个市场产品的需求情况和价格水平，预测竞争对手可能的市场策略与产品策略。在此基础上，各部门经理针对本部门的情况提出具体的工作规划。管理团队针对各部门提供的计划进行综合讨论，在充分考虑各方面因素和权衡利弊后，做好企业整体经营规划，制定企业的战略发展目标。

4. 公司经营目标规划

企业强大的竞争力不仅来自产品的高质量、低成本及优质的售后服务，而且还在于其市场竞争战略、新产品开发战略和企业经营战略的正确实施。不谋全局者不足谋一域，全局的成功在于对各个方面的谋划。

（1）企业战略。企业成立后召开的经营会议的一个重要内容是制定企业的战略及发展目标。战略不明，企业将难以推动前进的方向。企业的战略是一个决策模式，决定和提示企业的目的与目标，提出实现目的的重大方针和计划，确定企业应该从事的经营业务，明确企业的经营类型与组织结构，以及企业内部的资源配置。

制定模拟企业的战略主要包括两个层次：企业级经营战略、职能级战略。在首先制定好企业整体经营战略后，再根据企业的阶段目标与发展规划，制定各个职能部门的经营战略，包括人力资源部、研发部、营销部、客服部、财务部等。

根据企业各方面的资源情况，包括人、财、物等，合理分配资源。各职能部门的资源配置与战略规划是为整个企业的战略目标的实现服务的。各职能部门在制定战略时应首先解决如下问题：我们职能部门如何为企业战略选择与实施做出相应的贡献？如何实现这些贡献？

（2）市场营销。市场营销是企业最重要的职能战略，有效的市场营销战略是企业成功的基础。市场营销活动涉及市场调研和预测、分析市场需求、确定目标市场、制定营销战略、实施与控制具体营销战略的全过程。市场营销战略决定市场营销的主要活动和主要方向，其基本内容包括市场细分战略、市场选择战略、市场进入战略、市场营销竞争战略和市场营销组合战略。

市场细分是根据购买者对产品或营销组合的不同需要，将市场划分为不同的小的子目标市场，并且针对子目标市场的共性，调整和配合适当的营销战略，以更有效地满足消费者需求，实现企业使命、目标和战略的过程。在模拟系统中共有七个大的区域市场可供开发，不同的区域市场客户的需求会有所差异，同时对产品的价格承受能力也不同。选择哪些细分市场进入并发展，是市场战略首先要解决的问题。

所有企业都可以研发生产三类产品分别针对不同的消费群体。企业在市场、产品上可以有多种选择方案，是选择某些市场和某些产品走市场集中化或产品专业化的道路，还是全面进入大部分细分市场，为所有客户提供他们需要的产品，不同的策略会导致企业在资源配置上有很大的不同。

一般来说，企业进入某个市场，最好一次只进入一个细分市场，使竞争对手无法知道企业要进入的下一个细分市场，从而有利于企业整个进入战略的实现。当然，如果企业具备充足的资源，能够支撑企业在市场上全面开展，也可以选择多个细分市场同时进入，以快速占领市场，抢占先机。

（3）产品研发战略。不同区域市场都有不同的产品可供研发生产。研发设计领先竞争对手的产品，可以更好地满足用户的需要，提升产品的性价比，在市场竞争中获取更多的优势。如果企业研发设计的产品并不能很好地满足用户的需要，会直接导致用户采购订单量的减少。应根据发展战略，合理制定企业的品牌战略，提升产品的竞争力与性价比，并在市场竞争中保持领先地位。

（4）人力资源战略。企业战略的实施也需要人力资源的支持与保证。在人力资源开发与管理活动中，应从企业战略目标出发，以战略为指导，确保人力资源政策的正确性和有效性。为确保企业在需要的时候及时得到各种需要的人才，同时更好地培养、使用现有人员，企业必须对当前和未来人力资源的供求进行科学的预测和计划。在企业创立后，首先面临的是各部门人员需要的问题。企业应根据战略规划及经营目标，确定各部门各阶段所需人员的数量与质量要求。人力资源的一个基本工作是通过人才市场获取相应的人员，以满足各部门运转需要。

（5）财务管理战略。财务部门重点要做好三个方面工作，具体如下：

①资金筹措。资金是企业的生命，是企业开展生产经营活动的基本条件。由于企业资金在运转过程中的收支不平衡性，资金临时不足的企业为保证企业生产经营不致停止，往往愿意以一定代价获取在一定期间内运用他人资金的权利，即通过银行筹集资金。企业筹资的动机主要是扩张的需要。特别是在发展前期，由于收入不足而投入不断增加，企业往往需要筹集更多的资金以满足企业正常运转的需要。

②成本核算。在模拟运营中，人力资源成本将是企业运营的主要成本之一，当然还包括其他各项费用支出。企业运营的最终目标之一是盈利。要获取利润，一方面是努力提升企业的销售收入，扩大规模，开拓市场，提升销量；另一方面是有效控制成本，尽量减少一些不必要的支出，如合理安排人员结构，支付合适的薪资福利，在努力完成既定目标的前提下，尽量控制各项成本。

③现金预算。企业筹措资金后，要合理使用资金，为提升企业绩效服务，编制财务现金预算是必不可少的。作为企业全面预算的一个重要部分，编制现金预算的目的是将决策提供的目标和选定的方案形成与资金有关的各种计划指标，为保证计划指标的具体措施，协调各项计划指标之间的相互关系，编制各项资金使用计划的过程。现金预算是落实企业经营目标和保证措施的重要工具。

11.4.4 企业管理模拟实训

创业管理环节是创业之星系统的核心部分，是训练和提升大学生创业能力的关键部分。通过对真实企业的仿真模拟，所有参加训练的学生分成若干小组，组建成若干虚拟公司。每个小组的成员分别担任虚拟公司的总经理、财务经理、营销经理、生产经理、研发经理、人力资源经理等职位，并承担相关的管理工作，通过对市场环境与背景资料的分析讨论，完成企业运营过程中的各项决策，包括战略规划、品牌设计、营销策略、市场开发、产品研发、生产规划、融资策略、成本分析等（图 11-4）。在整个模拟运营过程中，教师将担任裁判、客户或银行、工商、税务等所有公司经营中可能面对的其他部门与机构负责人。教师控制整个模拟运营的进程与规则，并在运营过程中指导学生如何分析与思考，并针对学生的实际经营情况进行分析点评，帮助学生发现经营管理中的问题，寻找改进策略，努力提升绩效。

本部分内容紧接创业之星第三部分的实训，在完成企业工商税务登记注册后，正式成立一家模拟企业，组建经营管理团队，并完成若干经营周期的管理。在这一环节，一般建议采用小组形式开展实训，即一家模拟企业最好是由 3 ~ 6 名学生组成，以团队形式分工合作，共同完成一家企业的运营管理。以团队合作的方式进行实训，一方面便于教师组织授课实训，另一方面也更利于学生提升学习训练的效果。当然，也可以采用单人模式独自进行模拟实训。

实训主要内容包括以下方面：

（1）企业战略。评估内部资源与外部环境，制定企业的短、中、长期发展战略。

（2）产品研发。产品技术的研发决策，制定企业的产品品牌发展战略。

（3）市场营销。负责公司的市场开拓及产品销售工作，在与其他小组的竞争中制定有效的营销策略，把握市场走势，满足消费者需求，努力提升销售业绩。

（4）生产制造。按照市场要求的质量标准，尽可能高效率、低成本地生产各类产品。生产部门要与市场营销部门密切配合，从短期和长期两个方面提供足够的产品，以保证满足营销部门对市场需求的预测。生产部门还要适当超前安排好生产计划，以保证有足够的设备与有效的原材料来安排生产。

（5）人力资源。根据生产部门和销售部门的工作规划及用人要求，及时完成人力资源的招聘及培训工作，并为所有员工签订劳动合同和办理养老保险。

（6）财务管理。按照公司的发展战略有效管理公司的资金，提高资金的使用效率。

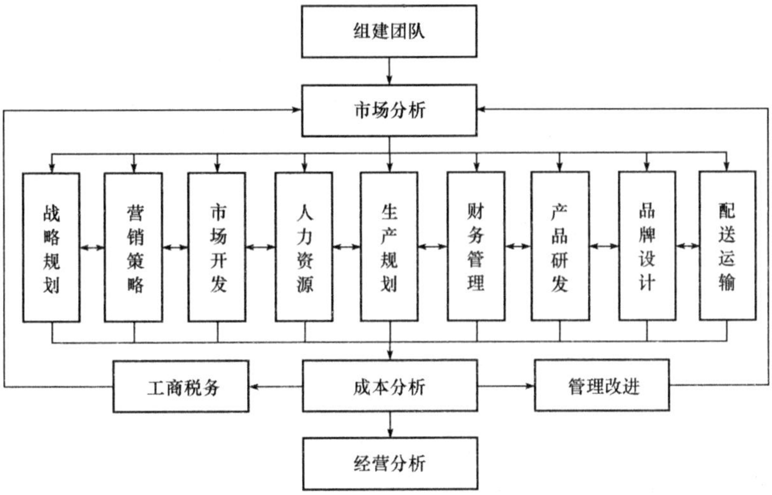

图 11-4　企业运营管理流程

1. 研发部门决策任务

（1）研发部的职责。技术经理（CTO）负责研发部门的日常运营管理工作。作为企业核心部门之一，研发部承担着产品的研发设计的重要工作。没有可满足用户需求的产品，所有工作也将无法开展。在对消费者需要进行充分分析调查的基础上，研发部要根据公司的整体战略规划制订出未来产品的设计与研发计划，包括产品品牌数量、产品的原料构成、产品的需求分析等。设计一个适合消费者需要的产品是提升产品销量的基础，同时也可以有效地控制产品成品，提高产品的性价比。

（2）品牌设计决策。根据公司的发展战略与经营目标，使公司设计生产的产品贴切消费者的需要，并争取最大的市场份额。公司在产品设计上可以采取多品牌战略或单一品牌战略。

（3）产品研发决策。设计好产品以后，还需要对设计的产品进行研发，研发完成才允许生产。根据产品原料的组合情况，不同的产品研发周期也不同。一般而言，原材料组成种类越多，设计的复杂性越高，所要花费的研发时间会越多。

操作步骤：

（1）新产品设计进入公司场景，单击“研发部”，在弹出窗口中选择“决策内容 - 产品设计”，完成公司需要设计的品牌数量、品牌名称及每一个产品品牌的原料构成。在窗口右边，“决策内容”标签是产品设计的主界面，显示构成产品的所有可用原料类型及组合；“规划说明”标签则显示有关设计产品的相关操作说明。

①“新产品名称”栏：输入新设计的产品名称。

②“目标消费群体”栏：市场上共有三类消费群体（根据系统初始化设定），选择确定该品牌产品所面对的消费群体，即计划针对哪一类用户进行销售。

③“BOM 配置表”栏：选择构成该产品的原料组合，组合不同，该产品的生产成本也不相同，对消费者的影响也不同。

选择好原料组合后，在后面会动态显示构成该产品的所有原料的成本价以及完成该产品所需要花费的研发时间，选择好后单击“保存”按钮。

在窗口的下方会显示出已经完成设计的产品品牌，右边有一个“I”标志。将鼠标移到这个位置，会实时显示出该产品的原料构成等信息。同时，如果产品还没有投入研发，可以随时撤销刚设计的品牌，单击“撤销”按钮，可撤销该产品品牌。

（2）新产品研发。进入公司场景，单击“研发部”，在弹出窗口中选择“决策内容 - 产品研发”，完成公司相关产品的研发投入工作，全部完成了产品的研发后，才允许正式生产制造该产品。根据产品原料的组合情况，不同的产品研发周期也不相同。一般而言，原材料组成种类越多，设计的复杂性越高，所要花费的研发时间及费用会越多。单击“投入”按钮即可投入本季度的产品研发经费，单击“撤销”按钮可撤销本季度研发经费的投入。

2. 制造部门决策任务

生产经理（CPO）负责生产制造部日常运营管理决策。生产制造部门行使对产品生产过程中的管理权限，要根据公司的整体发展规划合理地组织公司产品生产过程、综合平衡生产能力、科学地制定与执行物料采购计划和生产作业计划，以实现用最小合理的投入达到最大产出管理的目的。生产制造部门还负责保障销售部门销售工作的正常开展及供货。

操作步骤：

（1）原料采购决策。在公司场景中单击“制造部”，在弹出窗口中选择“决策内容 - 原料采购”，根据产品品牌的原料构成、销售预测、到货周期等信息，完成所有需要生产的产品的原料采购。

①根据企业产品设计的组合情况，先计算好总共需要采购的原料种类与数量，在“采购数量”一栏输入需要采购相应原料的数量，完成后单击“保存”按钮。

②在制订原料采购计划时要注意的是，这里所有的单价都是指不含税的价格，实际支付的金额是最右边的价税合计金额。此外，不同原料的订货周期是不同的，要根据公司整个生产计划的安排提前做好所有原料的采购计划。

③原料如果买错了或买多了可以取消购买操作，将鼠标移到“原料子类”下相关的原料名称边的“I”标志上，会显示出该类原料的采购计划。在要取消的采购计划最右边的“操作”栏单击“撤销”按钮，取消该笔采购计划。

（2）厂房购置。在公司场景中单击“制造部”，在弹出窗口中选择“决策内容 - 厂房购置”，根据公司生产规模的需要以及现金状况，通过购买或租用的方式获取相应的厂房。

①在“厂房类型”下拉框内选择需要的厂房大小，再单击“购买”或“租用”按钮，完成对选择厂房的操作。

②购买或租用的厂房会在下面列表显示，鼠标移至厂房名称旁的“I”标志上，会显示出该厂房有关的详细信息。

③“内部设备”栏显示的是该厂房内的设备最大安装能力与已经安装的设备数量，鼠标移至该栏相关信息旁的“I”标志上，可以看到该厂房内安装的生产设备详情。

（3）设备购置决策。在公司场景单击“制造部”，在弹出窗口中选择“决策内容 - 设备购置”，根据公司生产规模的需要以及现金状况，购买所需要的生产设备。

①设备只能购买而不能租用，因此要购买设备首先确保公司有足够的现金。

②在“厂房类型”下拉列表框内选择需要购买的设备类型，上面会实时显示出该设备的主要参数资料；在“设备安装到厂房”处选择该设备需要安装到哪个厂房里，单击“购买”按钮，完成对选择设备的购买。

③购买了设备以后，在下面能看到公司目前所有厂房以及厂房内安装的所有设备情况。对于刚采购的设备，如果没有设备在线上生产，可以单击该设备名称右边的“撤销”按钮取消购买决策。

（4）资质认证决策。认证是对整个公司的生产资质进行的。如果市场要求认证，公司应根据各类认证的投入时间周期提前做好认证资质的开发投入，以确保市场开始要求认证资格时公司已经拿到相关认证的资质证书。

在公司场景中单击“制造部”，在弹出窗口中选择“决策内容 - 资质认证”，对公司确认要投资的认证体系投入认证费用。

①认证是对整个公司的生产资质进行的，而不是针对某一个产品品牌。在市场要求具体相应资质而公司没有时，将不被允许进入该市场销售产品。

②单击认证名称右边相关的“投入”按钮，完成本季度对该认证费用的投入。各类认证所需要花费的时间周期及总费用不同，需要多个季度的投入才能完成获取资质。

③对当季度投入的认证费用，可以单击“操作”栏的“撤销”按钮取消当季投入。

（5）生产工人决策。在公司场景中单击“制造部”，在弹出窗口中选择“决策内容 - 生产工人”，对制造部门现有的所有生产工人进行管理。

①生产设备需要配备生产工人才能完成设备使用生产工作。生产工人的招聘由人力资源

来完成，详见人力资源部相关操作。

②在这里可以看到生产制造部门的所有生产工人列表，鼠标移到工人名字旁的“I”标志上，可以看到该工人的简要介绍资料。

③在每一名工人的右边，可以针对该工人完成岗位调整（调整到其他生产设备上）、计划培训、计划辞退等操作。

④所有培训与辞退计划设置好后，会递交到人力资源部，由人力资源部来完成具体的培训或辞退工作。如果递交了计划但人力资源部还未确认，则可以撤销相应的申请。

（6）生产计划决策。在公司场景中单击“生产车间”，在弹出窗口处可以看到所有的厂房情况及生产设备情况。

①“厂房”栏显示了公司目前所有的厂房情况，同时标示出该厂房是购买的还是租用的。单击厂房名称旁的“出售”或“退租”按钮，可以出售或退租厂房。

②“利用”栏显示了该厂房内装有几条生产设备，单击“出售”按钮可以卖掉该设备。如果设备上还有产品在生产中，则设备不能马上出售，只是制订出售计划，到季度结束时产品下线后才能出售。

③在每一个厂房名称的右边有一个在闪动的“进入”按钮，单击该按钮可以进入该厂房内部，能看到厂房内的所有生产设备情况，并可以对所有生产设备编排本季度的主生产计划。

④如果要对某一条生产进行计划编排，则单击这个生产线，在弹出窗口中完成对该生产设备的生产计划编排。

⑤单击产品打开下拉列表框，选择需要生产的产品；在“生产数量”位置输入本季度需要生产的产品数量，单击“生产”按钮可以开始产品的生产计划。

⑥成功生产后，在“制品”旁会显示计划生产的产品数量。

⑦单击数量旁的“I”按钮，可以看到该生产设备当前已经安排的全部生产计划情况，包括每批次的计划产量、上线时间、下线时间等，如果想取消某一项计划，只需单击右边的“撤销”按钮即可。

（7）订单交货。当季投标的订货单，在下季初可以看到中标的订单情况。在公司存货充足的情况下，可以到制造部门完成订单交货。

①在公司场景中单击“制造部”，在弹出窗口中选择“决策内容－订单交货”。

②窗口中会列出所有市场上的中标订单情况，在窗口下面还会同时显示目前的所有库存产品情况。在“交付数量”栏输入每一类产品需要交付的数量，单击“发货”按钮，完成所有订单的交货。

3. 市场部门决策任务

（1）市场部门职责。市场经理（CMO）负责市场部的日常运营管理工作。市场部负责公司的宣传与市场推广工作，负责公司营销计划的制订与执行，并努力提升公司产品的销售业绩。

（2）市场策略。

①企业的营销策略是什么？企业可能会考虑哪个市场产品价格高就进入哪个市场，也可以考虑哪个市场需求大就进入哪个市场，也可以两个因素综合进行考虑。最重要的是要根据资金情况来决定需要开拓哪些市场、开拓多少市场。

②企业的目标市场是什么？企业应当根据营销策略和各个市场产品的需求状况、价格水平、竞争对手的情况等明确企业的目标市场。

③什么时候开拓目标市场？在明确了目标市场后，还涉及什么时候进入目标市场的问题。企业应当结合资金状况和产品生产情况明确企业目标市场的开拓时间。此外，由于拿到销售订单后需要及时交付产品，否则，可能会因为不能按时交付而导致缴纳违约金。因此，还要考虑到公司资金的状况及生产能力的配置情况。

操作步骤：

（1）市场开发计划。在公司场景中单击“市场部”，在弹出窗口中选择“决策内容 - 市场开发”，开发目标市场。

①选择需要开发的市场，在“操作”栏单击“开发”按钮，完成本季度对该市场的开发投入。如果不需要投入，可以在本季度已投入的市场开发的“操作”栏单击“撤销”按钮。

②如果某个市场开发需要多个周期才能完成，在后面的经营中，还需要继续完成对市场的开发投入。直到完成该市场的开发工作，才可以在该市场进行产品销售。

（2）广告宣传计划。在公司场景中单击“市场部”，在弹出窗口中选择“决策内容 - 广告宣传”，确定当季度公司计划投入的广告费用。广告一经投放，不允许撤销。

①广告宣传是以产品品牌为单位投放的，公司可以针对每一个产品的竞争程度及期望值来设定相应的投放金额。“在本期投入金额”栏输入本季度需要投放的广告金额，单击“保存”按钮。

②“累计投入”显示的是公司累计在该品牌上的广告投放金额，“累计效应”显示的是广告投放至今仍对消费者产生的影响力，这个效应会随着时间推移逐步减弱。

4. 销售部门决策任务

销售部负责将公司生产的产品销售给最终消费者，完成销售业绩，回笼资金。公司最终的经营业绩要通过销售部门的销售工作来完成，销售工作做得是否有效，是否能完成公司制订的销售计划，将直接对整个公司的运营产生重要的影响。

操作步骤：

（1）销售人员决策。进入公司内部场景，单击“销售部”，在弹出窗口中选择“决策内容 - 销售人员”，对销售部门的所有销售人员进行工作安排。对销售人员的安排主要包括管辖区域调整、培训计划和辞退计划。其中，管辖区域调整直接由销售部在本部门就可以完成，对相关销售人员的培训计划和辞退计划，需要由销售部门负责提出，再由人力资源审核，同意后人力资源部解除与该员工的劳动合同关系，则该员工从下一季度开始将正式被辞退，本季度仍继续工作。

（2）产品报价决策。进入公司内部场景，单击“销售部”，在弹出窗口中选择“决策内容 - 产品报价”，填写各产品的市场报价以及期望的最大订货数量。

①对于每一个区域市场，在公司完成市场开发的情况下可以进入该市场销售，最右边的“报价”和“上限数”可以设定，否则不允许参与报价销售。

②“报价”栏的金额指的是产品销售单价，不能超过产品在该市场的最高限价。

③“上限数”栏的数字表示在该市场上该产品最多只期望拿到多少订货量，以防止拿

到过多订货量而因产能不足导致违约交付罚金。

④全部报价及上限数填写好后，单击“保存”按钮提交产品销售报价。

5. 人力资源部门决策任务

人力资源经理（CHO）负责人力资源部门的日常运营管理工作。人力资源部门最重要的工作就是根据企业战略规划与经营发展的需要制定相应的人力资源发展战略，对企业人力资源进行开发，招聘合适的人才，提高员工的整体素质。

操作步骤：

（1）人员招聘决策。需要招聘的公司员工包括销售人员和生产工人两类，在人才市场上完成人员招聘。在主场景中单击“交易市场”，进入后，选择“人才市场－招聘销售人员”。选择需要招聘的销售人员的类型，并指定派往工作的市场区域，选择“招聘”按钮，将该销售人员招聘到相关区域市场。在“交易市场”场景中，选择“人才市场－招聘生产工人”，选择工人类型及安排到哪一条生产设备，单击“招聘”按钮，将该生产工人招聘到公司并安排到相应设备上。

（2）签订合同。进入公司内部场景，单击“人力资源部”，在弹出窗口中选择“决策内容－签订合同”，与公司管理层人员和招聘的人员签订劳动合同。公司所有员工在正式入职后都要签订劳动合同，办理养老保险，包括管理团队成员、销售人员、生产人员。在需要签订合同的人员名字右边单击“签订”按钮，会出现合同提示。在甲方盖章处单击印章盖章，当出现公司合同专用章时，该合同即正式生效。

（3）解除合同。如果需要对不适用的员工解除劳动合同，首先需要由相关部门提供解聘申请，然后在人力资源部完成劳动合同解聘事项。进入公司内部场景，单击“人力资源部”，在弹出窗口中选择“决策内容－解除合同”，列表显示相关部门已提交辞退的人员清单，人力资源部予以确认是否正式解除劳动合同并辞退。

（4）人员培训。培训可以帮助员工提高技能，提升生产工人的生产效率，提升销售人员的销售能力。要对员工进行培训，首先需要由部门提出培训计划，再由人力资源部完成培训工作。

①如要对销售人员进行培训，先到销售部，选择“决策内容－销售人员”，对相关的销售人员安排培训计划。

②如要对生产工人进行培训，先到制造部，选择“决策内容－生产工人”，对相关的生产工人安排培训计划。

③在公司内部场景中单击“人力资源部”，在弹出窗口中选择“决策内容－员工培训”，单击人员名字右边的“培训”按钮，对该员工开展技能培训。

④对当季安排的培训计划，单击“撤销”按钮可以取消已制订的培训计划。

6. 财务部门决策任务

财务经理（CFO）负责财务部门的日常运营管理工作。企业在经营过程中的各项工作，如人员招聘、产品研发、市场开发、广告宣传等都离不开资金支持。资金是企业生存发展的命脉及开展各项工作的基础，没有资金就无法开展任何工作。因此，财务部门的首要工作是做好现金预算，根据企业不同发展阶段的工作需要，合理安排并使用资金，保障企业正常运转的各项支出，提升资金运作的效率。

操作步骤：

（1）现金预算。进入公司内部场景，单击“财务部”，在弹出窗口中选择“决策内容 - 财务预算”，根据公司本季度的整体规划及各部门的经营计划，制订公司本季度的财务现金预算表。

（2）银行借款。进入主场景，单击“创业银行”，进入创业银行后，单击“信贷业务”窗口，在弹出窗口中完成借款决策任务。当季借款的金额不能超过本期授信额度，累计借款的金额不能超过总的授信额度。

11.4.5　查询分析功能操作指南

1. 研发部门数据查询分析

（1）查看经营状况。在公司场景中单击“研发部”，在弹出窗口中选择“经营状况”，可以查看到公司已设计的所有产品的配置情况，以及该产品的研发进度情况。

（2）查看分析报告。

①产品分析。选择“分析报告 - 产品分析”，在上面的产品品牌类别选择需要对比查看的产品，下面会将选中的产品品牌对比列出各产品的原料构成情况。

②参与市场。选择“分析报告 - 参与市场”，选择要查看的季度及市场，可以查看到该季度在选中市场上所有公司销售的产品品牌。

2. 市场部门数据查询分析

（1）查看经营状况。在公司场景中单击“市场部”，在弹出窗口中选择“经营状况”，可以查看到公司在各个区域市场的开发进度及完成情况。

（2）查看分析报告。

①产品评价。选择“分析报告 - 产品评价”，选择要查看的季度、市场、渠道、消费群体，可以查看到各区域和市场各消费群体对公司产品的评价分数。

②产品分析。选择“分析报告 - 产品分析”，选择要查看的产品品牌，可以查看到不同产品品牌的原料构成对比资料。

③价格评价。选择“分析报告 - 价格评价”，选择要查看的产品品牌及季度，可以查看到不同产品品牌在市场上报价的消费者评价分数。选择“评价排名”页面，设定要查看的季度及消费群体类别，可以查看所有品牌的分数排名。

④广告评价。选择“分析报告 - 广告评价”，选择要查看的产品品牌及季度，可以查看到不同产品品牌在市场上广告投放的消费者评价分数。

⑤广告投放。选择“分析报告 - 广告投放”，选择要查看的产品品牌，可以查看到消费者对不同产品品牌在市场上投放广告的评价分数。

3. 销售部门数据查询分析

（1）查看经营状况。

①销售状况。在公司场景中单击“销售部”，在弹出窗口中选择“经营状况 - 销售状况”，并选择要查看的季度数，可以查看到公司各产品在市场上的销售情况。

②市场状况。在公司场景中单击“销售部”，在弹出窗口中选择“经营状况 - 市场状况”，可以查看到公司在各个市场上的销售能力分布情况。

（2）查看分析报告。

①市场分布。在公司场景中单击“销售部”，在弹出窗口中选择“分析报告－市场分布”，选择要查看的经营期间，可以查看到公司在指定季度期间内的各细分市场的占有率情况。

②增长情况。在公司场景中单击“销售部”，在弹出窗口中选择“分析报告－增长情况”，选择要查看的经营期间，可以查看到公司在指定季度期间内的各细分市场的占有率情况。

③市场表现。在公司场景中单击“销售部”，在弹出窗口中选择“分析报告－市场表现”，选择要查看的经营期间、市场区域、销售渠道、消费者类别等，可以查看到公司各产品在相关市场的占有率情况。

④市场最佳。在公司场景中单击“销售部”，在弹出窗口中选择“分析报告－市场最佳”，选择要查看的经营期间，可以查看到在指定季度期间内的各细分市场表现最好的公司情况。

⑤产品利润。在公司场景中单击“销售部”，在弹出窗口中选择“分析报告－产品利润”，选择要查看的季度，选择要对比分析的产品品牌，可以查看到不同产品的盈利能力对比。

⑥人均收入。在公司场景中单击“销售部”，在弹出窗口中选择“分析报告－人均收入”，选择要查看的经营期间，选择要对比分析的产品品牌，可以查看到产品在不同市场上的人均销售情况。

⑦区域利润。在公司场景中单击“销售部”，在弹出窗口中选择“分析报告－区域利润”，选择要查看的季度和产品品牌，可以查看到产品在不同区域市场上的盈利能力。两个子页面选择分别以表格和图形方式显示具体的表现。

⑧销售力量。在公司场景中单击“销售部”，在弹出窗口中选择“分析报告－销售力量”，选择要查看的季度，可以查看到所有区域市场上销售人员的配置情况及销售能力的分布情况。

4. 制造部门数据查询分析

（1）查看经营状况。在公司场景中单击“制造部”，在弹出窗口中选择“经营状况”，可以查看到公司生产制造部门的厂房、设备、工人等分布信息。

（2）查看分析报告。在公司场景中单击“制造部”，在弹出窗口中选择“分析报告－资质认证”，可以查看到公司在各项认证方面的投入及完成情况。

5. 人力资源部门数据查询分析

（1）查看经营状况。在公司场景中单击“人力资源部”，在弹出窗口中选择“经营状况”，可以查看到人力资源部门相关信息。

（2）查看分析报告。

①人员分析。在公司场景中单击“人力资源部”，在弹出窗口中选择“分析报告－人员分析”，可以查看到人力资源部所有人员的分布情况。

②人力成本。在公司场景中单击“人力资源部”，在弹出窗口中选择“分析报告－人力成本”，可以查看到人力资源部所有人员的人力成本支出分布情况。

6. 财务部门数据查询分析

查看经营状况。在公司场景中单击“财务部”，在弹出窗口中选择“经营状况”，可以查看到财务部门相关信息。

7. 总经理数据查询分析

（1）管理驾驶舱。在公司场景中单击“总经理”，在弹出窗口中选择“管理驾驶舱－财务管理”，可以查看到公司关键财务绩效指标的数据及行业平均值。

（2）查看经营绩效。

①综合评价。在公司场景中单击“总经理”，在弹出窗口中选择“经营绩效－综合评价”，可以查看到公司总体经营绩效评价分数与排名情况。综合评价是最终各公司的排名分数。

②盈利表现。在公司场景中单击“总经理”，在弹出窗口中选择“经营绩效－盈利表现”，可以查看综合评价分数中的盈利表现分数情况。

③财务表现。在公司场景中单击“总经理”，在弹出窗口中选择“经营绩效－财务表现”，可以查看综合评价分数中的财务表现分数情况。

④市场表现。在公司场景中单击“总经理”，在弹出窗口中选择“经营绩效－市场表现”，可以查看综合评价分数中的市场表现分数情况。

⑤投资表现。在公司场景中单击“总经理”，在弹出窗口中选择“经营绩效－投资表现”，可以查看综合评价分数中的投资表现分数情况。

⑥成长表现。在公司场景中单击“总经理”，在弹出窗口中选择“经营绩效－成长表现”，可以查看综合评价分数中的成长表现分数情况。

（3）查看财务报告。

①财务报表。在公司场景中单击“总经理”，在弹出窗口中选择“财务报告－财务报表”，可以查看任一季度的三张财务报表。

②财务分析。在公司场景中单击“总经理”，在弹出窗口中选择“财务报告－财务分析”，可以查看到任一季度的财务分析指标数值，以及综合财务评价分数。

（4）查看市场报告。

①市场开发。在公司场景中单击“总经理”，在弹出窗口中选择“市场报告－市场开发”，可以查看到目前公司在各个市场上的人员配置情况，以及在该市场的收入与占有率。

②广告宣传。在公司场景中单击“总经理”，在弹出窗口中选择“市场报告－广告宣传”，可以查看到任一季度公司针对每一品牌产品所投放的广告宣传情况。

（5）查看生产报告。

①生产配置。在公司场景中单击“总经理”，在弹出窗口中选择“生产报告－生产配置”，可以查看到当前公司所拥有的厂房与设备情况。

②产品评价。在公司场景中单击“总经理”，在弹出窗口中选择“生产报告－产品评价”，可以查看到任一季度公司在各个市场上的产品销售情况及评价。

③原料库存。在公司场景中单击“总经理”，在弹出窗口中选择“生产报告－原料库存”，可以查看到任一季度公司在目前所拥有的所有原料库存品种及数量等信息。

④成品库存。在公司场景中单击“总经理”，在弹出窗口中选择“生产报告－成品库

存”，可以查看到任一季度公司在目前所拥有的所有成品库存品种及数量等信息。

（6）查看研发报告。在公司场景中单击“总经理”，在弹出窗口中选择“研发报告－产品研发”，可以查看到公司目前所设计开发的所有产品品牌的配置情况及研发状态。

（7）查看决策历史。在公司场景中单击“总经理”，在弹出窗口中选择“决策历史－历史决策”，可以查看到公司在各个季度所做的所有决策任务汇总及详细的数据变化情况。

（8）查看公司资料。在公司场景中单击“总经理”，在弹出窗口中选择“公司资料”，可以查看到公司在工商注册阶段所完成的所有流程工作以及相关证件和报告。此部分内容已在前面创业准备环节进行了介绍，详细操作请参阅前面的创业准备部分的相关内容。

（9）查看趋势分析。在公司场景中单击“总经理”，在弹出窗口中选择“趋势分析”，可以查看到公司各项经营指标在各个季度的发展趋势情况。

11.4.6　实训报告

完成创业管理模拟实训后，参训学生应提交一份实训报告，也可以与前面模拟实训环节一起提交一份完整的报告。实训报告的主要内容应包括以下几个方面：

（1）实训目的。本次创业企业管理模拟实训的主要目的。

（2）实训时间。本次创业企业管理模拟实训的具体时间安排。

（3）实训方式。本次创业企业管理模拟实训的具体方法与形式。

（4）实训内容。本次创业企业管理模拟实训的内容，应结合授课讲解的知识内容与实训的具体要求。

（5）实训总结。描述整个实训过程的具体操作与心得总结，包括背景分析（对创办企业所在的行业背景与竞争形势的整体分析）、经营策略（介绍本企业的战略规划、营销策略、生产管理、财务管理等各方面的经营策略与整体规划）、绩效分析（对企业的绩效进行总结分析）、企业经营成败原因总结分析。

（6）心得体会。通过本次模拟创业实训总结所带来的感受与体会，包括对真实企业运营管理的理解与体会、对日后如何开展创业的启发、对如何提高企业的创业成功率的认识。

课后习题

1. 简要回答企业模拟实训的目的。
2. 简要回答企业模拟实训的具体操作流程。
3. 完成一次完整的企业经营模拟实训并写出实训总结报告。

参 考 文 献

[1] 李家华. 创业基础 [M]. 2 版. 北京：清华大学出版社，2015.

[2] 孙洪义. 创新创业基础 [M]. 北京：机械工业出版社，2016.

[3] [美] 埃里克·莱斯. 精益创业——新创企业的成长思维 [M]. 吴彤，译. 北京：中信出版社，2012.

[4] 龚焱. 精益创业方法论：新创企业的成长模式 [M]. 北京：机械工业出版社，2015.

[5] [美] 克莱顿·克里斯坦森. 创新者的窘境 [M]. 胡建桥，译. 北京：中信出版社，2010.

[6] 用友新道科技有限公司. 新道 VBSE 创新创业实训教学平台（V1.0）创业案例集.

[7] 叶明全，陈付龙. "互联网＋"大学生创新创业基础与实践 [M]. 北京：科学出版社，2017.

[8] 任昱衡. 从零开始学开公司 [M]. 北京：电子工业出版社，2016.

[9] 朱恒源，余佳. 创业八讲 [M]. 北京：机械工业出版社，2016.

[10] 李时椿，常建坤. 创业基础 [M]. 北京：高等教育出版社，2013.

[11] 张兵仿. 大学生创业基础教程 [M]. 北京：时事出版社，2016.